中國

第二季

从天宝惊变到辛亥革命

纪录片《中国》创作组　著

学林出版社
上海人民出版社

总出品人	张华立　龚政文　李东珅
总策划	张　勇　周　雄　宋　点　蔡怀军
总制片人	李东珅
制片人	肖　宁
学术顾问	王小甫　乌云高娃　李华瑞 鱼宏亮　胡　颖　钱乘旦 （按姓氏笔画排序）
学术统筹	沙武田　冯立君
总导演	李东珅　周　艳
总撰稿	邓建永
导演	罗　登
摄影指导	罗　攀　A.S.C　C.N.S.C
美术指导、服装造型指导	陆　苇
统稿	周　艳
撰稿	李东珅　周　艳　常　夏 梁　道　王登渤
校稿	王　专
学术指导团队	张　龙（第一集） 李华瑞（第二集） 张晓慧（第三、四集） 罗　玮（第四集） 蔡亚龙（第五、六集） 李立民（第七、八集） 戴东阳（第九、十集）

序

为了《中国》

《中国》总制片人、总导演　李东珅
《中国》总导演　周　艳

《中国》，以如此沉甸甸的两个字作片名，是一次令人激动也充满挑战的尝试。

所以，这是一部寄托了梦想的纪录片，也是一部充满冒险的纪录片——当我们试图用影像对中国历史进行梳理。

第一季从春秋到盛唐。

第二季从唐到辛亥革命。

第三季追溯上古三代。

要完成这样一部纪录片，创作者无论做多少努力，都是应该的，也都是不够的，但这是一次义无反顾的出发。

壹　初心

我们是中国人，我们的祖国是中国。数千年来，中华文明没有断流，这在世界历史上绝无仅有。这是为什么？隐藏于历史深处的力量之源是什么？

今天，每个中国人都在为实现中华民族的伟大复兴而努力。应该怎么做？中国制度和中国思想的源流从何来？我们想到历史中去，探寻故事、聆听声音、汲取滋养。

正如钱穆先生在《国史大纲》前言中所写："当信任何一国之国民，尤其是自称知识在水平线以上之国民，对其本国已往历史，应该略有所知。""所谓对其本国已往历史略有所知者，尤必附随一种对其本国已往历史之温情与敬意。"

对本国历史能"略有所知"的朴素目的，以及对已往历史的"温情和敬意"，是《中国》一片的创作起点。

中国人历来重视读史明智，历史题材一直是纪录片创作的重要内容，中国历史的悠久和丰富，为纪录片创作提供了不竭的源泉。以往多数历史类纪录片，更注重深入某一段历史、某一个主题或者某个事件、某个人物，挖掘其中的故事和细节。但这样的做法，显然无法满足《中国》这样一个选题的需要。

纪录片《中国》，是一部影像化的中国"通史"，是了解历史发展的简明"大纲"。

正是因为深知历史的浩瀚无边，所以我们从一开始就没有全面书写和穷尽讲述的野心。我们试图用一个更概括、也更清晰的粗线条，勾勒出历史发展的大脉络，形成对历史发展的整体性认知。

某种意义上，这是我们从影视创作者的角度，尝试完成的对中国历史的一次读解——伴随着影像叙事带来的优势和限制，也贯穿着个性化、风格化的表达和呈现。那就是：从大脉络看大逻辑，以大写意绘大趋势。

贰　结构

用影像著史，首先面对的难题，就是大结构。

《中国》第一季，跨越了从春秋到盛唐的千年时间。我们以思想和制度的发展为主线，将 12 集分为四个大的历史时期和主题，讲述了中国原生思想的诞生、国家制度的奠基、多民族与多文化的融合，直至全面鼎盛之世的到来。

分集结构取决于总体思路：中国在分、统、乱、治中，形成了一个大一统的多民族国家。不同历史时期，都为此在某一个维度建立了深厚积淀。

《中国》第二季接续第一季，从盛唐开始继续讲述，共10集，跨宋、元、明、清多个时代，及至古代帝制结束。

这是又一个千年的中国故事，我们延续了第一季的叙事和影像风格，依然以思想和制度为主线，内容选取和主题表达上，更加关注家国情怀、民本思想和文化积淀。

唐宋（1—2集）：中国古代文学和艺术的巅峰期。

诗歌是大唐最独特的语言，诗仙李白和诗圣杜甫双星闪耀。当安史之乱打破盛唐的繁华，儒者杜甫以诗写史，把忧家、忧己和忧国、忧民融为一体；文明程度极高的宋代，不仅有繁荣的商业和城市、开先河的社会福利政策，还创造了漂亮的书画、梦幻般的天青色，决定了后世中国人的审美高度。

元代（3—4集）：又一个大一统王朝的形成期。

长久以来，中国人一直坚守着一个共同的理想：建立一个大一统的国家。立国号为“大元”的忽必烈，让“大一统的多民族国家”这一历史传统再次得以延续；与此同时，戏剧与小说也在宋、金、元交替的时代兴盛。戏剧承担起了文以载道的使命，下沉到市井乡野的儒家文化，也从此更深地融入了中国人的精神基因。

明代（5—6集）：政治文化成熟、市民社会发达的时期。

在中国古代政治体系中，臣扮演着重要角色。由于价值判断不同，他们选择了各自的为臣之道，却有着共同的精神内核，那就是儒家体系下的“忠君”“爱民”；而借助商业化，明朝的出版业创造了历史的高峰。图书传播着四海八方的讯息，中国的文化传统在坚守中绵延不绝，现代科学和技术也如季风般拂面而来。

清代（7—8集）：与世界交流和碰撞的古代最后一个全盛期。

14岁亲政的玄烨，走出了一条远远超过前人的圣君之道。他尊儒教、研西学，从英勇无畏的少年天子，最终成长为“君师合一”的千古一帝；乾隆晚年，随着英国使者马嘎尔尼一行访华，一个古老的帝国和一个新兴的强国，在巨大的文化隔膜和相互的不了解中完成了一次对视。几十年后，历史的大变局到来。

清末民初（9—10集）：中华民族自救图强、寻找道路的时期。

晚清在内忧外患中风雨飘摇。中日甲午战争失败带来的创痛，激发了众多有志之士。状元张謇选择实业救国，但他只能兴一业救一地，并没有取得成功；孙中山选择了革命，辛亥革命终结了中国延续两千多年的帝制，但依然未能真正解决事关中国前途命运的道路问题。而这个使命，将历史性地落在后来者的肩上。

叁　叙事

用影像著史，叙事必须先“舍”后“取”。确定了全片的总体思路和大结构，也就决定了这部纪录片的内容选择和基本调性。

我们放弃了对历史系统、连贯、全面的介绍，放弃了编年史的记录方式，放弃了纯主题化的讲述方式，放弃了深入挖掘和考据历史细节。

历史是复杂的，我们要做的是让它简明。

历史是深刻的，我们要做的是让它普及。

历史是由无数点滴构成的，我们要做的，是去除枝叶，留下主干。

历史是由无数偶然构成的，我们要做的，是越过局部，看到整体。

基本史实都在已有的认知框架内，我们做的工作，只是让它在我们的思路下连接。我们不讲宫斗、权谋，不渲染战争、权变，把社会、生活、经济都作为背景，去探寻历史中沉淀下来的思想价值和制度价值。

遵循这一原则，在历史进程中，选择对后世最具深远影响，以及在当时最具开创性、转折性的重要节点，最具代表性、时代感、最富戏剧性的人和故事，追溯今日中国和中国人如何一路走来。

为此，纪录片的叙事面临着几组必须处理好的关系：

第一，今天和昨天。

我们拍摄的是历史中国，心中想着的是当下中国。中国为什么是今天的中国，历史会告诉我们什么？当我们回望历史，应该看见的是什么？应该记住的是什么？

梳理漫漫来时路，不只是为了了解历史知识，更是为了走好今天和未来的路。《中国》选择用今天的语言风格、认知体系、遣词造句，将历史娓娓道来。

第二，大脉络和讲故事。

梳理大脉络不等于记流水账，纪录片依然要讲故事。那么，在大脉络下，《中国》一片该怎样去选取故事和人物？

生年不满百。每个人都只是历史的匆匆过客，但有一些人，深刻地影响了历史的方向，见证了历史的发展：他们有的创生思想，有的创新制度，有的创造文化，他们将个人命运汇入了历史洪流。

《中国》一片，试图通过这些人物的故事，映照出历史的流变；通过他们的命运感，让历史人格化，而不再是故纸堆里的记载，让今人能更具象地接近那些久远的过去。

第三，文本书写和影像叙事。

数千年来，历史都是以文字的方式记载的，我们习惯了阅读。当文字转变成影像时，话语体系变了，承载的信息量变了。文字的优势在于准确、简约、可抽象；影像的优势在于生动、具体、可感知。但是，把一段史书记载变成一段声画，遭遇的实际是两者的短板：影像的空间有限，如何在有限里涵盖应有的信息？影像有自己的逻辑，如何与文本逻辑协调进而互补？

这是每一次创作都会面临的考验，《中国》因其题材的特殊性，尤其需要找到突破之法。

第四，信息、叙述、观点、情绪的平衡。

仅仅讲故事，是不够的。历史是故事，但历史不仅仅是故事，更需要通过故事有所表达。

仅仅讲人物，也是不够的。历史有情绪，但历史不仅仅是悲欢离合，更需要通过人物有所感悟。

在这样一个浩大的命题下，每一集都要完成基本信息交代、故事的戏剧化、恰当的评点、适度的情感，以及所有这些和历史时代大背景的连接——我们反复调试，努力去找到最适合的、独属于《中国》一片的表现手法和表达逻辑。

为逐一解决上述难题，《中国》一片几经历史本、文学本、拍摄本、剪辑本、解说本的数度转换，在策划阶段、文案阶段、拍摄阶段、制作阶段，我们都竭尽全力，目的是让《中国》一片的叙事，最大程度地形成和保有自我风格。我们希望纪录片《中国》是特别的。

肆　呈现

用影像著史，成败取决于“视”“听”。呈现的过程，我们核心解决的一个问题就是：可视性、艺术性和真实性、准确性之间，如何形成一致？

选择了通篇真实再现的手法后，我们面临着两种选择：

一是纪录片式再现。《河西走廊》和很多历史类纪录片采用的就是这一方式，但我们并不想重复。

二是剧情化再现。但我们绝不想把纪录片拍成一部三流电视剧，所以反复强调的就是“去剧情化”。

事实上，无论怎样努力，我们都无法还原真实的历史场景，更无法还原那些事、那些人，无法还原他们的语言，更无法还原他们的情绪和想法。

再逼真的模拟，都还是假的，甚至可能是错的。

所以我们决定放弃，放弃搭建宫殿楼宇，放弃表现细节，放弃特写，放弃对白。用大量全景画面，重点去表现无论古今人们都共通的状态：吃饭，喝水，饮酒；读书，写字，思考；聚会，争论，出行；悲伤，喜悦，兴奋；徘徊，震惊，愤怒……

我们希望历史像一幅画卷那样，慢慢展开，令人怀想。

在摄影指导罗攀的视觉设计下，《中国》打通了纪录片与影视剧的试听语言壁垒，融汇戏剧舞台的假定性和象征性手法，建立起鲜明的、自成一系的美学风格。

用假定性来表现真实感：

一堵高墙，就是一座城池。

一扇大门，就是一座宫殿。

一面壁画，代表了敦煌盛况。

一座屏风，隐喻着一个盛唐。

用不合理来表达合理性：

秦王磨刀——秦王不可能亲自磨刀，但秦王确实在“磨刀”向六国。

始皇看海——宫内墙壁不可能出现大海，但始皇胸中应是波涛汹涌。

汉武帝和贾谊隔空对话——这不可能，但他们的思想交流的确穿越时空。

所有人物汇聚于大唐的盛宴——这不可能，但盛唐之魂正是包容天下。

用超现实来隐喻人物与时代精神：

杜甫与李白最后的相见——洛阳一别后，实际上他们再没见过面，片中却在两人去世后安排了一次相会：两人并肩而立，仰望着长安城上空漫天的烟花。我们想以此来表达“无论少了哪一个，大唐的天空都将黯然失色”。

宋徽宗腾空而起以及行走在天青色上——宋徽宗不会飞，更不可能行走在天青色上，但如果不把它当作现实空间而是艺术空间的话，一切都很好理解。他是神游在自己想象和创作出的艺术世界里。

关汉卿目睹朱熹与张栻对谈——关汉卿和他们不在一个时代，但这完全可以看成是一次精神上的相聚。某种程度上，关汉卿是向往那个尚未走远的时代的。

张居正和海瑞交错而过——历史上海瑞和张居正并没有交集，但他们的为臣之道和处世方式却犹如相向而行。

而《中国》在影像上最大胆的尝试，是全片五十格的拍摄。所有镜头放慢一倍的速度，在已有的假定性上又加了笼罩的一层。这让全片的视觉呈现实现了彻底的写意风格。

声音系统也在实践同样的美学追求。电影音乐的创作是以画面为基础的，而纪录片需要用音乐先行，引导画面节奏，升华出画面情绪，所以音乐的旋律感至关重要。

《中国》的音乐，既需要对中国文化的认知，也需要一定的间离感、国际性。

我们希望用音乐作为主线，让一幕一幕的场景连成一部历史大戏。

《中国》的音乐创作不像电影，也不像纪录片，更像是一部音乐剧、舞剧的创作方式：时代不同，故事不同，但人的情感是古今共通的。由此全片拟定了五个音乐主题：忧伤，欢乐，悲伤，爱情，希望。这五个主题贯穿全片，用以表达共通的情感，此外又为每一集的人物和故事单独做了自己的音乐主题，更具体，也更具功能性。

仅仅使用音乐的效果，更像一部散文诗，还缺少能为影像营造环境、氛围的声音。为此我们尝试了全电影化的声音制作模式。不同于写实的环境声，《中国》一片的拟音和音效以抽象、象征为诉求，它由画面元素出发，但更寓意着画面背后隐藏的情绪。

我们希望写意的美学风格贯彻《中国》全片。

伍　未尽

正如开篇所说，面对《中国》这样一个题目，我们今天所完成的纪录片，只可能是其中一种表达方式。

博大丰厚的中国历史，是永远值得珍视的宝藏，值得我们用“温情和敬意”，去追寻，去探求，去展现，去传播。

了解自己从哪里来，几乎是每个人都会有的好奇心。

中国从哪里来？如何走到今天？它为什么会是现在的模样？

祖先在缔造国家的同时，如何塑造了这片土地的精神气质？

我们信仰的理想，看待人生、看待世界的思想和观念，是怎么来的？

不了解历史，就无法认知当下。我们正是怀着这样的好奇心和同样强烈的敬畏心，走过了长达五年的学习、摸索和创作的过程。

作为一个中国人，我们试图用一部纪录片，去认识自己，更理解中国；去了解历史，更热爱中国。——这也是向所有观众介绍这部纪录片时，最想说的一句话。

本片第一季第一集《春秋》中，有这样一句解说词：“理想主义者孔子用近乎固执的行动去实践理想，这远远超出了成败本身的意义。”

本片第二季第一集《惊变》中，有这样一句解说词：“盛唐过去了，但盛唐的精神不灭。它不仅是在盛世之中的昂扬与激越，更重要的，是在乱世之中对社会理想的坚持和守护。”

创作《中国》，是我们的理想。我们也用了近乎固执的行动，去实践这个理想。

已然竭尽全力，依然诚惶诚恐。

目录

壹 惊变

42 岁的李白，迎来了命运的一次重大转折。
公元 742 年秋天，一份来自当朝皇帝的诏书，让他再次走进长安。
告别家人时，他写下一句诗："仰天大笑出门去，我辈岂是蓬蒿人。"

世人只知道李白是个惊才绝艳的诗人，却不知他自有他的政治抱负。
年轻时他曾到过长安。他试着去拜谒宰相、公主，求见高官，自荐经世之才，结果都未偿所愿。
那次短暂的停留和挫败，并没有消磨掉他的傲气。

李白对自己的才华深信不疑。
"如逢渭水猎，犹可帝王师。"
多年间，他在大唐的土地上四处游历，但长安，从来都是他心中无可替代的那座城。

现在，他终于等来了那声召唤。
这是李白一生中距离帝国最高权力最近的时刻，浪漫的诗人踌躇满志。

也正是在这一年，唐玄宗李隆基做了一个决定，将年号从运行了近三十年的"开元"改为"天宝"。

大唐的每一次聚会，都离不开音乐和美酒，但真正的主角，是诗歌。

那是最适合大唐帝国的语言。

在没有文字之前，民间就有了诗。先民们对自己生存情状的记录和吟唱，便成了诗。

世界上很多民族的历史，都是从诗开始的。中国最早的诗歌总集《诗经》，经由孔子选编，更是成为儒家思想的重要经典。

而飞扬的精神，孕育了飞扬的唐诗。

写诗，成为唐帝国风靡的时尚。众口相传、家喻户晓的诗句，是最好用的社交名片。

唐朝诗人群星闪耀。那些被后世不断提及与怀念的名字，正流传在帝国的大街小巷。

诗人们以诗相交，扬名立万。

诗人之间的吟诵、欢饮，常常通宵达旦。

有人醉卧，有人醒来，梦中的佳句就这样飘然降落到人间。

李白永远都是聚会的焦点。他散发着独特的气质，那是与大唐最契合的气质：洒脱，豁达，天性流露。

朋友们都喜欢他。他似乎就是那个“手可摘星辰”的“天上人”。

只是，除了举杯邀明月，李白还有更大的志向。

寻求精神自由的同时，他也试图在政治上一鸣惊人，这是他矢志不移的两大追求。

诗意折射人心，人心映射时代。李白的性格，恰好承接了盛唐的两面：浪漫与进取。

生逢开元盛世，是李白的幸运。他的少年和青年时期，正好遇上了大唐帝国的鼎盛年华。

而他，几乎就是开元时代的化身。

始于公元618年的唐朝经百余年积累，历经太宗李世民的“贞观之治”，到玄宗一代，一切都达到了巅峰。

街市繁荣，乡野殷实。人口从唐初的二百余万户增长到了约九百万户，国力空前强盛，整个社会从上到下弥漫着一种安乐祥和之气。

这一切，源自唐初的一系列制度建设。

经完善后的三省六部制，确立了新的组织结构，既有互相制约的权力设置，又强化了皇权的力量。

沿袭于西魏的府兵制被继续启用，成为国家安全的军事保障。

科举制度在唐朝最终成熟，源源不断地为治国安邦输送人才。

唐朝的政治制度，全面积淀了自秦汉以来中国古代的制度优势，有这个强大的基石支撑，唐帝国昂扬向上，一路升平。

接替开元的天宝元年，距立国已有一百二十四年。

这个生机勃勃的国家依然那么动人，自信与从容遍布在寻常巷陌。

相对于带有开创之意的“开元”，“天宝”或许更符合唐玄宗此时的心境。

他正在进入人生的晚年。该打的仗已经打过，该走的路已经走过，是时候安享太平了。

他对自己的国家甚为满意，他希望自己治下的这个伟大时代，能和那些不朽的诗篇一起，被永久传诵。

于是，唐玄宗想起了那个久负盛名的天才诗人——李白。

在大唐的万千气象中，诗歌是那个流芳百世的精魂。

在大唐的无数诗人中，李白是一面万众瞩目的旗帜。

就在李白兴冲冲准备奔赴长安时，在东都洛阳，而立之年的诗人杜甫，刚刚完成了人生的一件大事，他成家了。

杜甫生于书香之家。

祖父官至修文馆直学士，在诗歌创作上成就卓越，是初唐“文章四友”之一。

因为母亲早逝，父亲常年在外为官，杜甫幼年时就被送到洛阳的姑母家寄住。

杜甫为自己设定的目标，是像父辈那样求取功名。他也一直沿着这个轨道前行。

24岁那年，他参加了一次进士科考试，结果不中。

但他并不灰心，独自一人登上泰山。

那是儒家的精神圣地。先师孔子曾发出“登泰山而小天下”的慨叹，杜甫则以一首体势雄浑的《望岳》，在诗坛以气骨峥嵘的姿态登场。

他期待着有一天，“会当凌绝顶，一览众山小”。

但现实永远在考验每个人的理想。

杜甫的时间年轮上，一直接连不断地布满哀伤。

父亲和姑母先后撒手人寰，家境日渐衰落。

杜甫本来就不爱交际。现在，他只能越加发奋地读书，等待下一次科举考试。

除了埋头苦读，他也时常约人一起演习礼仪。如果来日有机会进入庙堂，他一定会行出最标准的大礼。

有时候他觉得时间过得太快，他快要等不起了。有时候又觉得太慢，属于他的机会迟迟不肯降临。

更多时候，寂寞让时间仿佛停滞。

就在焦灼和平静的交替中，他和唐帝国一起，度过了“开元”年号的最后时光。

独自一人的时候，杜甫会想起，自己的心底始终还有一个向往：成为李白那样潇洒风流的人物，一边访名山大川，一边写诗交友。“醒时相交欢，醉后各分散。”

杜甫还没有见过比自己年长11岁的李白，但他熟悉李白那些奔放飘逸的诗句，那些仿佛来自天际的、带着仙气的诗句。

不过，这位诗坛的后起之秀明白，自己有比写诗更重要的责任要完成，科举出仕是唯一的途径。

安静的日子容易让人产生错觉，以为时间永远不会结束。

历史就这样缓缓走进了公元742年，天宝元年。无论对于李白，还是杜甫，这一年都显得意味深长。

从气宇轩昂走进长安，到意兴阑珊地离开，诗人的天真在一年多时间里就被现实政治击得粉碎。

李白受到唐玄宗的嘉奖，并被赐予官职，但却是毫无实际权力的翰林学士。

那是一种伎术官，也就是拥有某种技艺或术数的官吏，职责是陪侍皇帝游赏。

李白突然意识到，在皇帝眼里，他和那些占星卜卦之徒并无二致，兼济天下的理想成了笑谈。

无比失望的诗人恢复了呼朋唤友、豪饮欢歌的本性。

虽然皇帝待他足够宽容，但奢靡禁锢的宫廷，终究不是李白想要的生活。而他放荡不羁的行为，也无法见容于权贵。

终于有一天，李白递上辞呈。皇帝批准了他的请求，并“赐金放还”。

性格决定命运。李白的命运，其实一早就由他的天性注定了。

在洛阳，杜甫终于见到了偶像李白。

长安失去了李白，却成全了一次千载难逢的相遇。

公元744年，由此成为中国文学史上一个值得纪念的年份。

这时候的李白，仕途受挫，无限风光烟消云散。

这时候的杜甫，前途未卜，郁郁多年仍不得志。

这样的两个人，在这样的时刻见面了。

奇妙的缘分和惺惺相惜的才情，让他们很快相熟。

后来，高适如约而来，三人一起登高怀古，寻幽访胜，甚至骑马打猎。

“醉眠秋共被，携手日同行。”

那一年的春天和秋天，他们写诗、畅饮，忧思和欢愉都无比纯粹。

诗人总是格外敏感的。在小天地里纵情时，他们也感知到了大唐帝国的变化。

就在李杜二人相见的这一年，唐玄宗将纪元方式从“年”改为“载”。

天宝三年，变成了天宝三载。

以年纪元是从周朝开始的。在那以前，“夏曰岁，商曰祀，唐、虞曰载”。

或许，唐玄宗认为自己缔造的政清人和，可与上古贤君尧、舜比肩。

对杜甫来说，和李白的欢聚是快乐而难忘的，虽然他仍旧带着一些谦卑。

两年时间里，他们见了三次。李白带着杜甫寻仙人，找仙草，炼仙丹。

因为遇见李白，苦闷的杜甫抬头看了看天。

在开元盛世度过人生的盛年，幸运的李白也是不幸的，他将在人生的下半场，不断遥望那段无法重现的华彩。

归于山野未尝不是件幸事，但即便是不愿摧眉折腰事权贵的李白，依然会有“东风吹梦到长安”的眷恋。

进则儒，退则道，一直是中国历代知识分子的两重选择。

唐朝风气开化，儒、释、道三教并列。承继本土思想之源的儒和道，是两股不同方向的激流。

做一个儒者入世建功，还是追随道家出世，追求个人自由？每个人都将主动或被动地做出选择。

某种意义上，是时代的激流，冲击着、塑造着个性截然不同的诗人，而他们，也将赋予这个时代截然不同的气质。

杜甫理解李白“痛饮狂歌空度日”的背后，“飞扬跋扈为谁雄”的痛苦。

谁不想青史留名呢？

他知道，无论如何，自己都需要奋力一搏。

天宝五载，35岁的杜甫启程前往长安。

他满怀信心而来，却在次年的考试中，遭遇了一场意外的阴谋。

那一年，唐玄宗发布诏书，号召天下士人有一技之长的，都到京师就选。

天赐良机，杜甫志在必得。

他已为此准备了数年，“读书破万卷，下笔如有神”。诗文才学业已精进，甚至生出了“语不惊人死不休”的执念。

但他还是落败了。

不只杜甫，参加这次招贤考试的人，全部都落败了。

为确保自身权力无虞，身为监考官的宰相暗中操纵了全过程。

呈报结果时，他甚至上表祝贺皇帝，说这是“野无遗贤”。

意思是：因为皇帝治国有方，所以有才能的人，早就被选上来了，民间再没有能人。

这已经不是那个广纳天下贤才的大唐了。

不仅仅是人才选拔制度在动摇，及至天宝年间，维系大唐百余年安稳与发展的根本性制度，都在动摇。

大唐帝国的生命力正在衰退。

但杜甫还不想离开长安，他仍抱有幻想。

这令他饱受煎熬。

一边是生计无着、几度沦于饥寒交迫的境地，一边是不得不奔走求告于达官贵人的屈辱。

希望与沮丧渐渐都变得毫无新意，疲惫而窘迫的杜甫在长安度过了匆匆数年。

熬到天宝十载，事情似乎有了转机。

皇帝打算举行祭祀盛典，杜甫接连献上《三大礼赋》，受到赏识，进入了等候分配官职的行列。

结果，一等就又是四年。

面对长时间的困顿，44岁的杜甫不得不妥协，接受了一个芝麻小官，主要职责是看守兵甲器杖，管理门禁钥匙。

蹉跎落寞中，杜甫偶尔会忆起和李白的相聚，他记得那些高天流云，大江大河，世外道仙。

但此时的杜甫，已从头到脚都浸泡在苦难之中。

而无数个体生命的悲剧，只是更大的危机的预演。

天宝十四载冬，公元755年12月16日，安史之乱爆发。

这是一个刺骨寒冷的夜晚，兼任平卢、范阳、河东三镇节度使的安禄山，携部下史思明，以奉密诏讨伐当朝宰相杨国忠为名，从河北起兵反叛。

八品小吏杜甫刚刚上任一个多月。

惊天之变，猝不及防，叛乱如晴天霹雳一般，震撼了太平已久的大唐帝国。

安禄山的部队一路南下，势如破竹。拱卫长安的最后一道屏障潼关，半年后失守。

72岁的唐玄宗带着几千禁军，携家眷亲信，在夜色中逃离长安。

如此强大的帝国，几乎瞬间崩塌。

叛乱者安禄山，恰恰是皇帝一手提拔、重用宠信之人。

经过几代人高歌猛进的开拓，唐帝国的国境极为辽阔。为了加强对边疆的控制，唐玄宗在边地设了十个军镇，由九个节度使和一个经略使管理。

节，是当时的一种全权印信，受此印信者，可全权调度辖地的人口、土地、兵甲、税赋。

节度使由皇帝指派任命，权力极大，雄踞一方，成为藩镇。

玄宗逐渐擢用武人为节度使，实际形成了军人割据。

尾大不掉，终成皇权大患。

安禄山的势力和野心，最终刺破了绚烂盛景的气泡，帝国潜在已久的危险，

以最激烈的方式席卷了所有人。

长安，再不是那座流光溢彩的都城。

贵妃杨玉环，被突然推上一条奔赴黄泉的不归路。

道路尽头，就将天人两隔。

兵变发生在皇帝一行向西逃亡的第三天。

护卫的禁军在马嵬坡止步不前，矛头直指杨氏一族。

宰相杨国忠被杀。

但这还是无法平息官兵的愤怒，他们要求：杨国忠的妹妹杨贵妃同罪。

唐玄宗需要做出抉择。

安史之乱的源头，归根到底是治国者之失，但此刻，他如同坐在一个被点燃的火药桶上，性命攸关。

威名一世的唐玄宗放弃了他的爱人。

集万千宠爱于一身的杨贵妃，即将走完一生的最后几步。

当年，李白曾为她写下“云想衣裳花想容”的诗句。她怎么也不会想到，自己的结局会是这样的。

这原本是多么美妙的光景啊，江山无限，情爱无限。

但她却要带着巨大的震惊和无奈，永远离去。她根本没有任何机会辩解和后悔。

一转身，就是一个时代的一去不返。

帝国没有了方向。

举国观望之际，北方突然传来消息，太子李亨在灵武登基称帝，是为唐肃宗。

听闻此讯，正在流亡中的杜甫即刻北上，却在途中被叛军俘获，押回长安。

岁月不知人间有变，又一个春天如常到来。

沦陷的长安城凋敝零落，死寂一般。杜甫百感交集。

国破山河在，城春草木深。

目睹繁华转身后的血腥与黑暗，诗人杜甫的悲伤，开始超越个人的凄楚命运，覆盖到大唐惊变的芸芸众生。

诗，不再只是闲情雅兴的抒发，它成了历史的记录。

新帝即位，太上皇李隆基事先并不知晓。

也无人知晓，盛唐就这样悄无声息地画上了一个休止符。中国历史的一次巨大转折，在兵荒马乱中仓促上演。

侥幸逃出长安后，杜甫做的第一件事，是直奔新帝唐肃宗的凤翔大本营。

这可能是老实厚道的书生杜甫一生中最疯狂的举动。

虽然自身难保，但只要有机会，他仍想报效国家。

唐肃宗被这份忠义感动，赐予他“左拾遗”一职。

这是皇帝身边的谏官，官阶很低，却是杜甫做过的最大的官。

然而，乱局之下，政治生活远非想象中那样秩序分明。这位杜拾遗很快陷入

官场纷争，险些被定罪杀头。

杜甫为之努力了近乎一生的出仕报国梦，和所有人曾以为永不落幕的大唐盛宴一起，结束了。

但杜甫并没有放弃内心之道。

危难中舍生取义的道德人格，以天下苍生为己任的使命感，是儒家精神的根骨。即便因言获罪，即便一再被贬，杜甫做了自己认为必须要做的事。

千秋万岁名，不过是寂寞身后事。只有坚守心中的理想，才是儒者的成圣之道。

千年以来，政治时有腐败，财富时有困竭，武力时有崩溃，家国时有灾难，但只要维持“大道”的人在，中国的历史命脉就不会断。

杜甫就是这样的人。

仗一打就是数年。各路势力纷纷卷入，战祸不断蔓延。

杜甫从长安城里一个勉强度日的小吏，变成了朝不保夕的地方贬官。

一叶飘萍，无处归依。

昔日繁花似锦的大唐，已是哀鸿遍野。几乎整个黄河中下游，“人烟断绝，千里萧条”。

玄宗时期，府兵制被改为募兵制，军队招募专事作战的职业军人。过惯了安定和平日子的中原人，很少入伍，军队的实际控制逐渐旁落。

战乱爆发后，唐军和叛军的战斗反复胶着。

公元759年，两军在河北邺城一带展开激烈的攻防大战。

唐军一度全线崩溃，为补充兵力，官府疯狂地在各地抽丁抓人。

裹挟在逃难人群中的杜甫，由洛阳，途经新安、石壕、潼关等地，晓行夜宿。

一路上，他看到了太多生死别离，艰难民生。

铺天盖地的灾难面前，他忠实地记录下眼前所见，没有虚构，没有矫饰，也没有煽情。

后人用“三吏”“三别”，概括杜甫写下的这些长篇叙事诗。

他让普通人的生活和情感成为诗的主角，将“史”写成了“诗”。

每一句诗，都如同一柄利刃，刺痛人心。

它们是杜甫创作里程上的丰碑，也是历史深处永远的伤痛。

据粗略统计，这场历时七年多的变乱中，约有三千万人流离失所，死于战乱或饥荒。

这是一场自上而下的全面深重的震荡，无人幸免。

安禄山死于儿子之手，他的儿子又被史思明杀死，而后，史思明也被自己的儿子所杀。

公元763年春，唐军终于打赢了。

太上皇李隆基和唐肃宗都没能看到这个结局，他们在前一年的5月，先后离世。

在唐朝前后接近三百年的历史中，安史之乱发生的时间只在中期，但它从根本上动摇了帝国的上层结构，中央集权削弱，藩镇之祸未除，民生不安，边境不稳。

此后一百五十年的大唐，风流云散，再难中兴。

就如杜甫所写："存者且偷生，死者长已矣。"

下一个落脚点在哪里？杜甫自己也不知道。

他已经习惯了辗转漂泊。有时向着村野走，有时沿着山路走，有时顺着水流走。

"明日隔山岳，世事两茫茫。"

就像春秋时期周游列国的孔子，"朝行青泥上，暮在青泥中"，杜甫也在漫漫羁旅中，一步步走向自己的内心。

他一路流亡，取道关陇，进入川蜀之地。

乱世中，他抛弃了身上卑微的官职，复归为一介平民。

年过半百的杜甫几乎一无所有，除了诗歌，生命一样的诗歌。

尽管“我生苦飘零，所历有嗟叹”，但在诗歌中，他从来都不只为自己的命运叹惋。

遭遇幼子饿死的刻骨之痛时，他为天下苍生发出“朱门酒肉臭，路有冻死骨”的不平之声。

茅屋在风雨中飘摇时，他祈愿“安得广厦千万间，大庇天下寒士俱欢颜”。

他尝遍了社会底层的酸辛疾苦，他的目光，无法不在低处徘徊，因为他本就是“天地一沙鸥”。

杜甫经历了彻底的失去，也完成了彻底的重建。

他自称“儒”“老儒”，甚至“腐儒”。

他以写诗来完成儒家“立言”的使命，诗歌中流露着仁爱，呼唤着仁政。

后人称杜甫为“诗圣”，而成为圣贤，正是儒家的最高理想。

安史之乱，是唐乃至整个中国古代历史一个显见的拐点。

这也是一个文化的转折点。

诗人们开始超越一己之穷达，把忧家、忧己和忧国、忧民融为一体，在恣肆的激情中注入理性的思考。家国情怀和人本思想，从此成为中国历史下半段进程的重要线索。

在人生最后一首诗作中，儒者杜甫回忆了颠沛流离的一生，他的心，依然牵挂着苦难中的家和国。

轩辕休制律，虞舜罢弹琴。尚错雄鸣管，犹伤半死心。圣贤名古邈，羁旅病年侵。……

战血流依旧，军声动至今。葛洪尸定解，许靖力还任。家事丹砂诀，无成涕作霖。

在成都草堂居住的五年，是杜甫最后一段安定的生活。

等到草堂也住不了了，他就沿着长江，一边漂流，一边借地短居。

行至夔州时，杜甫看到一个叫李十二娘的人在舞剑。动人的身姿和娴熟的舞技，让他想起了一个人。

他问李十二娘师傅是谁。对方告诉他：是公孙大娘。

听到这个名字，已是老翁的杜甫，激动难抑。

6岁那年，他曾亲眼看到公孙大娘的剑舞。那绝世风采如同巨星一般，照亮过他年少的心灵。

时隔五十余年，杜甫仍清晰记得那场穿越了时光的演出，连同往昔的锦绣、蓬勃、痛楚和执念。那是他对青春和盛唐的记忆。

而今回首只见，“无边落木萧萧下，不尽长江滚滚来”。

公元770年，59岁的杜甫在湖南的一条小船上走完了一生。

人生如寄，但斯人不朽。

杜甫一直挂怀的朋友李白，同样没有躲过安史之乱。

但他竭尽全力撑住了跌宕起伏的一生。

在经历种种艰险阻碍后，他依然乐观地写道：轻舟已过万重山。

对于李白，人生或许不过是一场宿醉。

后人称李白为诗仙。

所有仰望他的人都知道，他就是千古唯一的那个“谪仙人”。

杜甫没有成为李白，他活出了另一种伟大的人生。

李白如从天上而来，飞流直下。

杜甫如在大地上生长，厚重深沉。

无论少了哪一个，大唐的天空都将黯然失色。

两千多年前，孔子与老子，一儒，一道，开启了中国思想的源头。

李杜二人，一仙，一圣，世人仿佛再次见到同样的光彩。

他们承继了中国此前一千年的思想和精神，相互照耀，也照耀着中国。

李白辞世五十年后，他的诗歌和诗名依旧在四处传诵。

在长江南岸的宣歙方镇，一位姓范的地方长官，和大唐的无数文人一样，视李白为偶像。

数年寻访后，他意外地在自己管辖的当涂县境内找到了李白的墓地。

墓木已拱，他即刻下令：严禁在周围樵采和放牧。

他要让这位诗人安心归仙。

又是数年过去，李白的后人找到了。范长官不禁心潮奔涌。

他猜想，或许终能有幸一睹李白传下的盛世风采了。

蓮居士
太白

来到面前的，是两个中年农妇，她们是李白次子伯禽的女儿，衣衫素净，形容朴野，各自嫁给了普通农民为妻。

感慨之余，范长官希望帮助她们改为士族身份，却被两人一再婉拒。

她们说，早已习惯了山野生活，贸然成为士族，怕会辱没了爷爷的名声。

范长官不好勉强，能做的也只是给她们免除了当年的徭役，以表达对李白的敬意。

目送二人离去，他唏嘘不已。

目之所见，与心中所望，全然不同。

恍惚的瞬间，他凛然一惊，突然想到：春秋流逝，眼前的大唐，还是那个大唐吗？

历史将演变出更加复杂的下一个时代。

盛唐过去了，但盛唐的精神不灭。它不仅是在盛世之中的昂扬与激越，更重要的，是在乱世之中对社会理想的坚持和守护。

大唐，永远是中国人思念的心灵故乡。

贰 梦境

深秋的中国北方，已经显出几分萧瑟。
发黄的草场，边地，慵懒的牛羊。
天高云淡，节奏舒缓，人们在为即将到来的冬天做准备。

这里是以游牧为主的女真人统治下的五国城。
十多年前，女真人建立了一个王朝，并借用此地一条河流的名字，将王朝命名为“金”。

这个从人群深处走来的男人，已经在五国城生活了四年，单从服饰装扮上看，他跟周围的人没有什么不同。
但他的神情举止，分明又透露出游离于此处的气息。
北境之地生活寒苦，所有人都忙于生存。没有人介意他是谁，他在想什么，他从哪里来，要往哪里去。

他叫赵佶，来自千里之外的中原城市开封，那里是一座繁华的都市，他在那里生活了四十五年。
但是，他可能再也回不去了。
他的人生经历了很多。但此刻，过去岁月里的荣耀、屈辱，似乎都已被深深埋在了心底。

他竭力想忘记过去，但每每不经意间地回首，就会让他失神。
那些来自他家乡的美丽服饰，那些自信而骄傲的神采，都会刺痛他的内心。

年少时，他很喜欢南唐后主李煜。
“春花秋月何时了，往事知多少？小楼昨夜又东风，故国不堪回首月明中！”
一百多年前李煜为自己写下的这首词，仿佛也是为身处五国城的赵佶而写的。

他想念他的故乡，想念那些如梦幻一般美好、但再也无法重来的昨天。

赵佶曾经是北宋的皇帝，后世更熟悉他的庙号，宋徽宗。

公元1126年，在他禅位给儿子几个月后，靖康元年的正月，金朝大军南下渡过黄河，直逼北宋的都城开封。

经过将近一年的艰难守卫，在冬天来临的时候，金军攻进开封城，他们在城中洗劫了整整三个月。

公元1127年，金人押运了1050辆车的财宝和书籍，准备北返。已成为俘虏的赵佶和儿子宋钦宗赵桓，被要求换上普通百姓的衣服，随大军一同离开京城。

临行那一天，赵佶对着皇宫和祖先宗庙的方向跪拜辞行，伏地后悲恸欲绝，甚至无法起身。

他们一路向北，走走停停，七个月后到了中京，但这还只是他们北行的第一站。

赵佶时常会非常沮丧、痛苦，他只有读书。

他看了一些历史书，以前他并不喜欢读史，但这时再读，他有了新的理解和感悟。

在中京时，他写下一篇文章，回顾汉唐历史，他反复说，伟大的帝王要使人民安居乐业，但是也要注意与北方邻国的关系。

这或许就是他对自己帝王生涯的总结和反思。

只是，他还有重新来过的机会吗？

“天遥地远，万水千山，知他故宫何处？怎不思量，除梦里，有时曾去。”

的确，也只有在梦里，才能回到他的“故宫”，他的大宋。

三十多年前，赵佶还不是皇帝，他的封号是端王。当朝皇帝是他的哥哥。

在唐帝国崩溃后，中国大地上出现了后世称之为五代十国的混乱局面，几十年时间，分裂与战乱不断。赵佶的先祖赵匡胤则在这场乱局中崛起，建立了宋朝。

经历了一百三十多年、六位皇帝的经营之后，端王赵佶生活的宋朝，正处在一片欣欣向荣之中。

少年时的赵佶，几乎没有什么烦恼，他的生活轻快而明亮。

在宋朝，皇子们没有实质性的政治权力和军事职务，他们被赐予充足的俸禄与所有象征性的特权，只管纵情享受生活就好，前提是他们没有想当皇帝的野心。

赵佶有两位德高望重的老师负责教学，并有四位宦官负责管理。

教材中有孔子、孟子的儒家经典，也有法家著作。他的老师也会给他讲授历史，比如秦始皇、隋炀帝的故事，并告诫他，挥霍无度导致亡国。

当然，在端王赵佶看来，这些帝王之事与自己毫无关系。

他感兴趣的是艺术，对此他有极高的天赋。

他的两位叔叔正是这方面的专家，他们在书法与绘画方面都有很大的成就。这是赵佶的榜样，他的人生大概率就应该像他的叔叔们一样：

神游在浪漫的艺术世界里，想象和创造出各种美的事物，尽情挥洒精彩飞扬的一生。

人生永远充满意外。

公元1100年，皇帝突然病故，没有子嗣，继承人只能在五位弟弟中产生。

皇太后很喜欢赵佶，她力推赵佶继承皇位。虽然也有大臣提出，端王看上去不是很稳重，但是这样的意见并没有产生什么影响。

几乎是在忽然之间，赵佶成了宋朝的第八位皇帝。

这彻底改变了赵佶的人生，假如皇位由其他兄弟继承，他就可以继续过去的生活。

但既然这个结果无法改变，赵佶想要做个好皇帝。

其实皇位只是命运对他的一次戏弄。

在他出生前，父亲宋神宗为让王朝变得更加强大，重用宰相王安石推行新

政，史称“熙宁新法”。从科举考试到平民百姓的差役，改革涉及方方面面。但新政的推行遭遇了巨大阻力，朝中大臣因此分成守旧派和改革派。

赵佶刚登上皇位，就定下一个任务，他要改变这样的派系斗争。

显然，他低估了其中难度。他太年轻了，也太天真了。

在宋朝，君臣共治国家不仅是一种政治理想，也形成了一种治理结构。

皇帝赵佶看似拥有所有的权力，但他必须先做通大臣的工作，因为这个庞大的文官集团总是有各种方法抵制他。

而且，赵佶还不得不面对两派政见不同的大臣，筛选、评估他们相互矛盾的建议。

为此，他打算兼用新旧两派的官员。

但是，双方积怨太深，难以缓和。

赵佶很快就感到了厌烦。他决定彻底倒向一边，追随父兄，推行新政。

他为自己取了一个新年号“崇宁”，意思就是崇尚王安石的“熙宁新法”。

也是在崇宁元年的春天，赵佶启用了一个同样支持新法、同样擅长书画、也更懂他的大臣，这个人叫蔡京。

赵佶很喜欢蔡京，甚至把他们一起在松下抚琴和听琴的场景画了下来。

看起来他们并不像共商国是的君臣，更像是一起吟风弄月的玩伴。

赵佶轻抹慢挑，沉静安宁。蔡京谦卑恭谨，侧耳倾听。

在画作上，蔡京题了一首诗：“吟徵调商灶下桐，松间疑有入松风。仰窥低审含情客，似听无弦一弄中。”

而赵佶则用他独创的瘦金体为这幅画题名《听琴图》，并盖下了“天下一人”的闲章。

“天下一人”是赵佶的内心向往，而蔡京很懂得如何让皇帝拥有天下第一人的感受。

在这一点上，他堪称皇帝的知音。

不仅仅蔡京懂赵佶，蔡京的儿子也很懂，他对皇帝说：

“所谓国君，当以四海为家，太平为娱，岁月能有几何，这样辛劳地度过，还有何意义！”

此言深得君心。

赵佶继承的是一个文明程度极高的国家。

都城开封，时称东京汴梁，是当时世界上规模最大、人口最多、经济最繁荣的大都市。

到了赵佶的时代，东京已经跟数百年后的现代城市几乎没什么两样。

街道巷口不再有栅栏，人们可以畅行在京城的各个角落。

临街的房子也都去除围墙，成了开门迎客的商铺、酒店、饭馆。

商家挂出的广告牌琳琅满目，街边还有做各种生意的小摊贩。

宋朝或许是中国历史上最重视商业的朝代，国家的一切经济政策，几乎只有一个目标，就是如何从市场中获取更多的财政收入。

社会生产和生活秩序的稳定，是宋朝君臣共同的治国追求，为此，他们一直在国家利益和社会利益之间寻求平衡，避免过度扰民。

宽松的政策，带来了市场的兴旺。

东京是宋朝最发达的一个商业中心。

城内的大酒楼不胜枚举，据记载有“正店七十二户，此外不能遍数”。

这些酒楼的消费水平也很高，两人喝酒花费需要数百铜钱，一人独饮也必须用银制碗碟，可见市民生活的富庶甚至奢靡。

当然，这里也有一些更亲民的饭店酒楼，菜蔬也很精细，“当街水饭、熬肉、干脯……每个不过十五文”。

每到夜晚，街道上灯火通明、人声鼎沸。

瓦肆勾栏，酒楼茶坊，笙歌不停，沿街都是叫卖声，四处都有人在表演各种奇特的技艺。

唐帝国时期的九小时宵禁政策，此时也松弛下来，甚至名存实亡。“夜市直至三更尽，才五更又复开张，耍闹去处，通宵不绝。”

吟徵調商竈下桐
松間疑有入松風
仰窺座客含情處
似聽無絃一弄中

据说，夜市的喧闹和乐声能传到十余里外。

这样自由与斑斓的场景，身为端王时的赵佶，是极其熟悉的。他曾不止一次地流连忘返，沉醉其中。

但当赵佶做了皇帝之后，这一切就停留在了记忆里。他不能再轻易地去到市井了，但他知道，他的臣民们，正在安享每一个欢乐的夜晚。

开封城的盎然生机，被一位叫孟元老的人记录下来。

就在崇宁二年，孟元老跟随做官的父亲来到都城，在这里生活了二十多年。

他记下了皇城里的金银彩帛交易：“屋宇雄壮，门面广阔，望之森然，每一交易，动即千万。”

他记下了清明时节的出游：“四野如市，往往就芳树之下，或园囿之间，罗列杯盘，相互劝酬。”

他还记下了元宵节金光灿烂的灯山、临水殿里龙船夺标的比赛、宝津楼上男女艺人的杂技表演，还有天宁节女子舞队骑马归来时的盛况。

很多年后，已身在南宋临安的孟元老回想起这一切，感叹不已，他将自己的十卷书取名为《东京梦华录》。

北宋中后期的太平和欢愉，对于所有经历过的人来说，都是一场回味无穷的梦。

包括皇帝赵佶。

宋代的饮食已经发展到了和今天相当接近的程度，煎、炒、烹、炸，煮、炙、烤、蒸，无一不有。特别是中餐里最重要的两项技术，“炒”和“炸”，正是因为炉火技术的提升和食用油加热方法的进步，而诞生于这个时代。

甚至，宋代还有了送餐服务。深宫里的皇帝，也可以借此享用人间烟火，与民同乐。

但世界永远不止一面，有人锦衣玉食，有人依然饥馑贫困。

商业的繁茂促进了大宋的文明，也因此拉大了社会收入的分化。

赵佶想让普天下的臣民都能分享到一个好皇帝创造的幸福世代。

登基两年后，他就开始强力推行一套社会福利政策。

要求各州县都建立为穷人看病的安济坊；在全国建立居养院，为那些无法维持生计的老人、孤儿、弃儿提供食品、衣服和住处；他还创建了漏泽园，用来安葬城市里的穷人。

设立这些类似于现代社会中的养老院、孤儿院、残疾人福利院、公立医院、公墓的机构，所表达出的对底层百姓的关怀，在中国古代历史中是绝无仅有的。

这或许是赵佶作为一个艺术家内心的悲悯。

他是个天生敏感的人，对自己治下的山川大地和民间疾苦，他有细致而丰富的情感体察。

但作为帝王，这或许还远远不够。

就在他当朝期间，粮价上涨，通货膨胀，导致贫民不断增多，这些更加尖锐的矛盾，他似乎并没有更好的办法应对。

尽管如此，年轻的赵佶一直很勤勉，他接手的是当时世界上最富有和最先进的国家，他完全有理由相信“天下一人”的梦想定会成真。

虽然打下江山的宋太祖赵匡胤是武将出身，但五代十国之乱让他对武人当政极为警惕，他的弟弟赵光义接任皇帝后，进一步确立文官政治，宋朝就此走上了“崇文抑武”的道路。

赵佶更是一个禀赋纯粹的文人，他尤其关心这个国家的精神建设。

重视文治的宋朝在立国之初，就降低了科举考试的门槛，科目也更加多元，并加强了对舞弊行为的监管，创立了复试制度，推行殿试制度，一旦及第，就可以直接出仕为官。

王安石新法中的一个重要部分就是教育，他建议医学、算学等技术课程，要在国子监的管理下进行，目的是提高专业化教育的标准，吸引更优秀的人才。

赵佶在此基础上，推出了更加雄心勃勃也更加系统的学校制度，园林设计、建筑、音乐、诗歌、图书编撰、印刷术等专业都被纳入。

当然，还有他所钟爱的绘画。

赵佶想要把所见所想的一切美好，都绘成图画，传于后世。

他设立并亲自掌管翰林图画院，招收了一批隐藏于民间的英才。

其中有一个十多岁的青年学生，名叫王希孟。

进入翰林画院后，王希孟仿佛进入了一个梦幻般的世界。

宫廷里有数不清的历代画作珍品，他第一次有机会如此近距离地观看并细细品味和临摹。那是皇帝赵佶的收藏。

他也可以反复练习绘画技巧，画院会为他不

限量地提供昂贵的颜料以及丝帛、屏风和装裱材料。

更重要的是，他和他的同学们会接受三年的系统培训，课程包括：宗教、艺术、人物、山水、鸟兽、花竹、建筑。此外，还要学习古代辞书如《说文》《尔雅》中词源学的知识，以打下良好的书法功底。

因为，书画院的掌管者赵佶认为，绘画者应该对自己所绘的场景和人物有深入的认知，然后再以含蓄、间接的方式表现出来，如同诗人创作诗歌一样。

绘画不仅仅是一种技巧，它蕴含着一个人的文化修养。

画家绝非机械的匠人，他需要建设自己的精神家园。

王希孟就这样在线条与色彩的海洋里遨游。

后世对这位画家几乎一无所知。

关于王希孟的唯一信息，源自蔡京在他画作上的几句题跋，大意是：

王希孟，18岁，曾经是画院的学生，毕业后被分配到文书库工作。在此期间，多次向皇帝献画，虽然赵佶对他的绘画水平并不太满意，但念其勤奋刻苦、坚持不懈，认为“其性可教”，尚有慧根，决定亲自加以指点。

18岁，是王希孟完成画作的年龄。见到赵佶的时候，他应该还要更年轻一些。

一跃成为真正意义上的天子门生，自然是极大的殊荣。

但对于一个艺术家来说，能有机缘投身一次全情的创作，更是命运莫大的眷顾。

赵佶发现了王希孟的天赋，王希孟听懂了赵佶的梦想。

历史给了这对君臣、或者说师徒，一个相互成就的机会。

赵佶希望王希孟绘制出一幅前所未有的画作。

在这幅画中，既要有北方山水的雄奇巍峨、浩荡无边；也要有江南仙境般的云雾溟濛、小桥流水；更要有人在画中游。

这幅画还应该有音乐一般的动人旋律，以及世人不曾领略过的色彩。

它是赵佶想象中的大宋气象。它将是壮丽的，也是细致的；是写意的，也是写实的；是绚烂的，也是古朴的。

这样的画，存在吗？

后世并不清楚赵佶究竟传授给了王希孟什么，但一定不止于笔墨技法。

毫无疑问，他将自己清晰的艺术主张完全地赋予了这个学生。他的审美，他的态度，他的眼界和他极致的追求，正是这幅画作的灵魂。

并没有经过太久的等待，半年后，公元1113年4月，一幅12米长的巨作完成了。

赵佶把心中所愿，交付给了一个18岁的青年；而王希孟则用天才般的领悟力、充沛的雄心和笔力，加倍回报了给予自己信任的帝王。

这天赐的青绿两色并不是对真实山水的简单描摹，这是王希孟充满精气神的青春，更是赵佶心中的无限江山。跨越千年，依然美得光芒万丈。

它是献给一个时代的，又是万古长存的。

这幅画被后人命名为《千里江山图》。

只是，画中有江山，江山真如画吗？

此后，历史中不再有王希孟的任何记载，他也不再有其他画作传世。

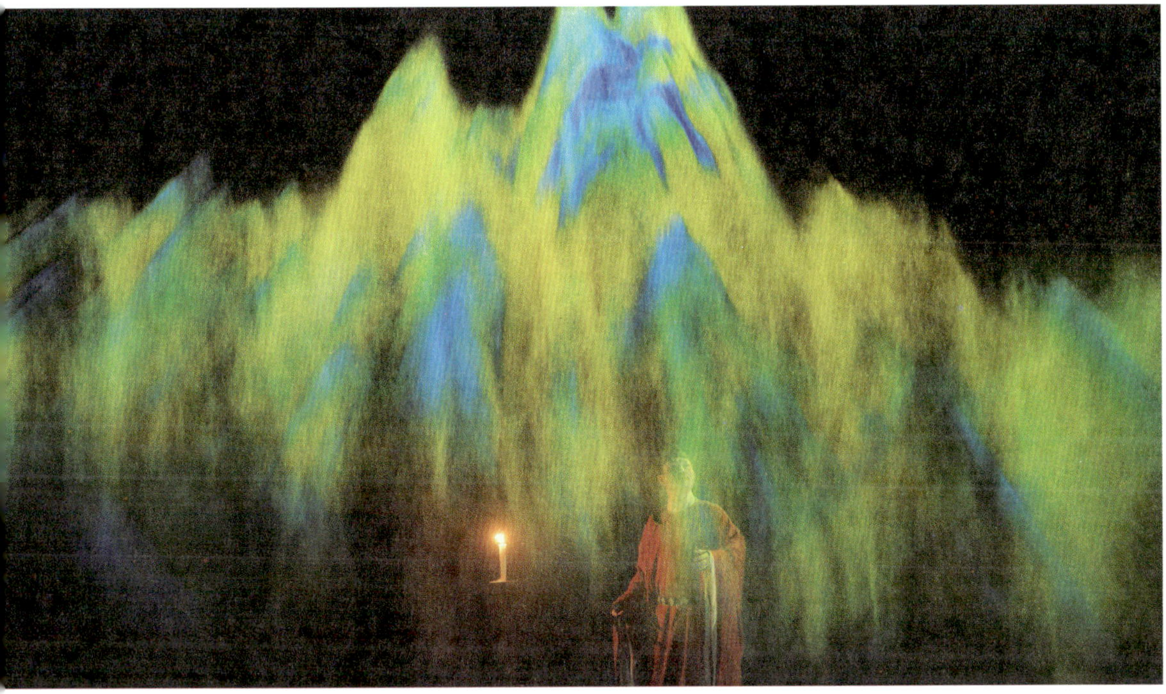

他如同谜一般地出现，又消失了。似乎，他来这人间一趟，全部的意义只在于这一幅画。

赵佶曾说："朕万几余暇，别无他好，为好画尔。"

宋朝时，因为禅宗的不断发展，佛教与士大夫的日常生活相结合，逐渐走向世俗化。而赵佶本人则对道教更为推崇。无论佛教禅宗还是道教，都侧重于心性修养的内省。

宋的美学风格即缘此而来。

一定程度上，宋代继承了魏晋风骨，更多寄情于山高水长、云淡风轻。题材也从唐代的偏重人物转换为更重山水、花鸟。中国美术最具代表性"山水画"自此开始形成特色，并逐步走向全盛。

在画院里，赵佶经常给学生们开题考试。

有一次，他要求用"竹锁桥边卖酒家"一句来作画。最让他满意的答卷是，画中没有酒馆，只有一根挑起酒帘的竹梢，在竹林掩映下若隐若现。

还有一次，题目是"踏花归去马蹄香"，用视觉表现香气是个难题，但有一位学生画了几只蝴蝶，飞舞着追逐马蹄。

赵佶喜欢这种高级的趣味，能以诗入画，把思想转融为画的意境。

同时他也喜欢高度写实的作品，能准确捕捉实物的特征，惟妙惟肖。

赵佶的这些美学观，包括他所喜爱的用冷色调呈现出的淡雅和拙朴，直接而深远地影响了后世中国人的审美情趣。

赵佶可能不会想到，这些，将会是他世世代代不被遗忘的贡献。

到翰林画院学习的人，有六个专业方向可以选。传统界画一门，专门描绘建筑和市井，通常采用界笔直尺划线的方法，要求有规范严谨的造型，所以选学的人并不多。

其中有一个学生，名叫张择端。

张择端创作的传奇画卷，名为《清明上河图》。

徐徐展开画面，生动的气息迎面而来。

沿着水路从郊野进京，河道、船舶、街巷，客栈、酒坊、茶寮，各行各业，忙碌的人，活泼的生活，甚至连风在河里吹起的一道波纹，都被精工细笔一一呈现。

这幅长528厘米，宽24.5厘米的绢本长卷，用墨线勾描，精准绘制了清明时节开封汴河两岸的热闹景象。

后世将其奉为神作，认为它高简苍劲，超妙入神。

但是在当时，赵佶并不以为然。

或许是因为，画中场景于他而言只是寻常，并不新鲜；或许是画中少了他所钟爱的高远意境；也或许，是单调的墨色不如青绿色那么漂亮。

总之，这幅画没有被赵佶收录进他亲自主持编撰的《宣和画谱》之中。

而后人却得以从《清明上河图》中，观察到历史的细节，品读出当时的文化，感受到人的精神气质。

绘画不仅仅是一门艺术，更是一个时代留给后世最直接的印记。

据说不久之后，张择端就病逝了。

跟王希孟相似，张择端的身世也扑朔迷离，生卒年代不详，平生际遇不详。关于他的历史记载，只有寥寥几十字的孤证。

但他把宋代的样貌永远地留了下来。

赵佶对于美有一种与生俱来的感受力。

据说他曾经做过一个梦，梦中大雨刚毕，天际出现一抹从未见过的色彩，美得动人心魄。

睡醒后，他下旨命令工匠烧制一件瓷器，要求只有一个，就是拥有“雨过天晴云破处”的颜色，赵佶为这个颜色取名：天青色。

这个不可能完成的任务被交付给了河南汝州的匠人。

瓷器是中国人的发明。

汉代时，瓷器的烧制工艺已经成熟，多以青瓷为主；南北朝时期出现白瓷；

唐代则出现了艳丽的三彩；到了宋，赵佶的独特审美，带来了新的创造。

在未来，瓷器会成为中国的象征。

赵佶如愿以偿。而且，还有意外的惊喜。

没有任何纹饰的瓷器表面布满细微的裂纹，这些裂纹交织叠错，如同花瓣一般散开。

于是，裂纹成了花纹，无声的器物仿佛有了生命，有了变幻无穷的绽放，以及绽放时的声响。

本是烧制过程中无意的缺陷，却变成了无法复制的美。

赵佶，最懂得美。

一生执着于美的赵佶，亲历了漂亮的大宋、见到了漂亮的画作、写出了漂亮的瘦金体、烧制出了不可方物的天青色。

或许，他真的可算是“天下一人”了。

只是，世间好物不坚牢，彩云易散琉璃脆。

眼前的一切如瓷器般精致，也如瓷器般脆弱。

在美梦中惊醒，是极痛苦的。

身处五国城的赵佶，很少埋怨。对于他和他的同行者，此刻的一切都是悲剧，是耻辱。一旦把痛苦说出来，似乎就是在推卸责任、指责旁人，赵佶不想这样。

这个结果只能由他自己来承担。

他错用了像蔡京那样的奸人，巧言令色，窃弄国柄，荼毒生民，最终导致国

家祸乱。

也或许，这依然是皇帝的责任，他不仅识人不明，也没有能力挽回权臣制造的乱局。

皇帝难做。不仅仅赵佶是这样。

宋代的开国皇帝赵匡胤也不止一次地发出这样的感叹。

他因兵变立国，却也怕因此亡国。

他曾说，一旦发生兵变，自己再想做个庶民，都不可能了。

这句话对于赵佶来说，好像一句预言。

虽然赵匡胤也发出过“卧榻之侧，岂容他人酣睡”的宏愿，但终究没有实现“天下一家”的大统。

强干弱枝、重文轻武、守内虚外，成为他的继任者，宋太宗赵光义的实际国策，并一直延续。

宋朝的北方，是契丹人的辽国；西面，是党项人的西夏国；西南方，是段氏家族的大理国。

最大的危险始终来自北方，宋辽之间打了二十五年仗后，坐下来和谈，约为兄弟之国。

这个被称为澶渊之盟的约定，带来了一百年的和平。

但这一百年，也让双方的战斗力都大为削弱。

所以，当女真人崛起后，一切都不一样了。

他们先灭辽，成立金国；稍作休整后，公元1126年，女真人打到了开封。

那一年的冬天雪雨不止，一批杰出的北方文人为了避祸，踏上了他们没有归途的南下之旅。其中就包括词人李清照。她与丈夫数十年收藏的金石古玩字画在流亡中付之一炬，前半生的优雅生活顷刻间如烟消散。

突如其来的厄运，撕裂了时代，也撕裂了人心。

李清照清新婉约的词风，从那一年开始变得凄苦悲凉。

“寻寻觅觅，冷冷清清，凄凄惨惨戚戚。乍暖还寒时候，最难将息。三杯两盏淡酒，怎敌他晚来风急？雁过也，正伤心，却是旧时相识。”

虽然放不下对中原的思念，但也因为他们的这一次南渡，让中国经济文化的重心再次南移。

北行途中，赵佶依然尽力保持着尊严，虽然这样的困苦是他从未经历过的，但他也在尽力承受。

有时候他会觉得一切恍然如梦。

画完《千里江山图》的王希孟，留下《清明上河图》的张择端，烧出天青色的汝窑工匠，都在完成自己命运般的作品后，很快就消失得了无痕迹，还有那座活色生香的开封城。

这一切明明都真实地存在过，却又如同不曾发生过一样。

渐行渐远的赵佶时常遥望南方，问周围的人，宋朝皇陵在什么方向，那里是他的根脉。

那里，也还有他的希望。

他的儿子赵构已经在南京应天府登基。

他所期待的宋朝大军挥师北上解救自己的愿望，始终未能实现，但他心心念念的“帝王要使人民安居乐业”，子孙们正在努力。

江南丰饶的土地接纳了南渡的人。

他们继承北宋的重商政策，同时大力开发农业。农商并举的南宋经济富庶，江南城市和城镇的发达，甚至超越了北宋。

他们也继承了北宋的科技成果，成为中国历史上发明创造最活跃的时期。管形火器的出现，开创了人类作战史的新阶段；使用焦煤炼铁，成为世界冶金史上的里程碑。

载着瓷器和丝绸的商船开始远航，领先世界的造船业让南宋成为海洋贸易的先行者。

他们还继承了北宋最为重视的文化传统。思想流派异彩纷呈，形成了又一次“百家争鸣”的盛况，诞生了将儒家思想发扬光大的朱子理学。

赵佶全力打造的皇家画院也得以存续，以新的画风再写风流。

这一切，赵佶都没能看到。

后世有人用“弱宋”来形容那个王朝，但也有学者评价道：“华夏民族之文化，历数千载之演进，造极于赵宋之世。”

赵佶的千里江山只剩了半壁，却依然如梦如画，绚烂无比。

大都

叁

公元 1232 年夏天，大蒙古国统帅拖雷，刚和兄长一起率领大军重创了金国。但就在获胜班师途中，意外发生了。他的兄长、蒙古大汗窝阔台，突发重病、危在旦夕。

巫师说只有用亲人做替身，才能消灾解难。

于是拖雷向长生天祈祷，请求“以身代之”，然后从巫师手中接过为哥哥祛病的“巫水”，一饮而尽。

不久，窝阔台的病奇迹般好转，拖雷却一病不起，没等回到家乡便撒手人寰。

失去父亲拖雷这一年，忽必烈 18 岁。

一种从未有过的责任感，突然降临在这个年轻人身上。

父亲的死因已成谜案。好在，他有一位特别的母亲。

他的母亲，唆鲁禾帖尼，一位仁慈、宽厚又富有力量的女性。

她开始冷静地思考，如何让失去父亲庇护的儿子们，在弱肉强食的草原上变得更加强大。

这是一个崛起于北方草原的黄金家族。

过去几十年里，忽必烈的爷爷成吉思汗率领蒙古铁骑，横扫亚欧大陆，征服了世界上最为广阔的土地，但他并没有建立起一个真正意义上的稳定的国家。

而附着在武力之上的权力体系，很容易坍塌。

作为长期在后方替黄金家族管理领地的重要女性，唆鲁禾帖尼比那些嗜酒好武的男人们更懂治理之道。

她告诉儿子们要守规矩、保持团结，引导他们接触汉文化，并征召了很多汉族知识分子来到身边。

一位坚强而充满智慧的母亲，对孩子的精神引领和塑造，是不可估量的。

她教育忽必烈，要把视野拓展到草原之外，要去寻找一种方式，让祖先流动的功业，永久地凝固下来。

拖雷去世两年后，公元1234年，被蒙古和南宋夹击的金国末代皇帝，在一座小城里自缢身亡。

曾经攻灭北宋、称霸中原百余年的金国，就此烟消云散。

忽必烈看到了父亲没能看到的胜利。

这时的中国，正处于新一轮的剧烈动荡。主导这一切的，正是强悍的大蒙古国。

在此之前，蒙古已先后攻灭西辽、西夏，随着金的覆灭，北方游牧民族建立的政权全部统一到蒙古旗下。

但大蒙古国的铁骑并没有停止步伐。他们再度集结，随时准备南下。

再向南，是位于西南方的吐蕃、偏居江南的南宋王朝，以及更南端的大理。

已经分而治之很多年的中国，再度走到风云汇聚的历史路口。

公元1235年，金国灭亡的第二年，一名叫八思巴的男婴降生在青藏高原。

他被认为是一位得道高僧的转世，“八思巴”在藏语里的意思是“圣者”。

然而，他出生没几年，高原的安静祥和就被入侵的战火打破了。

这片被泛称为吐蕃的土地，因为唐朝时松赞干布建立的吐蕃王朝而得名。但自吐蕃王朝瓦解后，这里已经有三百多年没有出现统一的政权。

一些大大小小的教派，以割据的形式，成为不同地区政教合一的管理者。

其中，八思巴的家族开创的萨迦派是最具实力的一支，掌管着以日喀则为中心的大片地区。他的出生，给家族带来了传承有序的新希望。

就在八思巴5岁时，蒙古大军首次出现在藏区，杀死了数百名僧人，有记载道：“整个吐蕃的土石都为之颤抖。”

也是在这一年，八思巴的父亲去世。从此，担任萨迦派教主的叔叔萨迦班智

达，就将他带在身边，亲自予以教导和培养。

在一些具有政治远见的藏族人看来，外部的形势正在急剧变化，让封闭的高原与蒙古以及更广阔的地域建立连接，无可避免。

但究竟以怎样的方式进行连接，他们一时还没有想好。

历史中总会有一些特别的契机出现。但当它初露端倪的时候，往往更像是对勇气和智识的考验。

一天，62岁的萨迦班智达，接到了一封来自大蒙古国的信函。

发放诏书的人，是蒙古大汗窝阔台的二皇子、受封河西的阔端。

他告诉萨迦班智达："我为报答父母天地之恩，需要一位能指引道路取舍之上师，选择时选中了你。"

这一年，八思巴10岁，他可能还不太理解这封信函的深意，却迎来了人生的第一次远行。

叔叔萨迦班智达，带着10岁的八思巴和6岁的恰那多吉，踏上了前往北方的路途。

他们要去的地方，叫作凉州，也就是位于河西走廊的武威。那是古丝绸之路上的重镇。

在青藏高原上各教派的领袖们都对彪悍的蒙古人敬而远之时，萨迦班智达毅然选择了前往凉州。

他不知道自己是否还能回到故乡。

但为了吐蕃地区的长治久安，这位以睿智和渊博著称的教派领袖心意已决。

他预料到这是一次异常艰辛的远行，什么变故都有可能发生，所以把继承人八思巴兄弟带在身边，以防不测时完成交接。

他们一边走，一边搜集民意，光在路上就耗费了两年。

转眼间，八思巴在凉州已经待了七年。自从和叔叔一起抵达这里，他们就再也没有离开。

来到凉州的第二年，萨迦班智达和阔端达成和谈：

吐蕃从此成为蒙古的属地，西藏成为中国不可分割的领土，统一的多民族国家更加巩固了。

阔端认可了萨迦派在西藏各教派中的领导地位，并请萨迦班智达担任藏区佛教领袖。

1251年，萨迦班智达在凉州圆寂。八思巴继承衣钵，成为萨迦派的新任教主，以及藏区事务的负责人。

对八思巴来说，这是权力的交替，更是责任的传递。叔叔为藏区安稳做出的努力，他时刻铭记在心，只是现在，他只能独自绘制藏蒙两族的美好蓝图。

他快速地成熟起来。

就在萨迦班智达圆寂的同一年，阔端也离开了人世。凉州会谈开创的和平局面，能否继续维持，成了一个难以预测的变数。

一切都落到了年轻的八思巴身上。

他决心走得更远。

他希望自己的思想能影响到更多人，尤其是大蒙古国的最高层。

八思巴的态度，成功地引起了蒙古皇族成员的注意。

公元1253年的夏天，他收到一份邀请。

发出邀约的，是忽必烈。

在八思巴从婴儿成长为萨迦派教主的日子里，忽必烈也在不断开创自己的人生。

过去十多年里，大蒙古国几乎是马不停蹄地向外扩张，大汗之位也几易其主。

公元1241年，窝阔台病死，他的儿子贵由接替了汗位。但没过几年，贵由就去世了。

公元1251年，蒙哥在众人推举下登上汗位。

蒙哥是拖雷的长子、忽必烈的长兄。因此，大蒙古国的汗位从窝阔台系转到了拖雷系。

蒙哥即位后，将总领漠南的重任交给了弟弟忽必烈。

八思巴对忽必烈并无太多了解，但他仍然决定前去相见。

接受未知和挑战，是他从小就熟悉的生存方式。

这是忽必烈总领漠南后，第一次承担重大军事行动。

大蒙古国制定了远征大理，然后迂回夹击南宋的战略。

而远征大理，就需要绕道西部藏区。

此种情况下，驻扎在六盘山的忽必烈，想起了身在凉州的八思巴。

忽必烈已经是一个39岁的中年人了。

母亲在前一年去世，但母亲的教诲已深植在他的心中。

他渴望为自己的家族建立功勋。哪怕前路凶险，他也一往无前。

往南去，这是他眼前最专注的目标。

在八思巴看来，这是他走近大蒙古国当权派的重要契机。

当年叔叔赴阔端之约，有了凉州会谈。他将会给历史留下什么呢？

八思巴对这次会面充满期待。

不过，忽必烈可能并没有想那么多。

他只是一门心思地想让八思巴为自己的行军提供支持。

所以，这算不上一次愉快的交谈。

忽必烈以领主的口吻对八思巴下达任务，摊派兵差、征集财物，要求藏区支援他对大理的远征。

八思巴心中很是不悦。

他说："如此，吐蕃的僧人实无必要在此坐住，请放我回我的故乡去。"

就在八思巴即将拂袖而去之际，忽必烈身边的王妃察必站了出来。

她告诉忽必烈，这是一名在知识和功德方面卓然超群的法师，应该请他留下来，继续问法论道。

八思巴这才重新坐下。他想到，这正是向忽必烈施加影响的良机。

过去几年里他学习到的中原历史文化知识发挥了作用。

他决定以唐朝时期汉地与吐蕃的联姻，以及历史上吐蕃王朝和西夏王朝对藏传佛教的尊崇，来说服忽必烈。

他想让忽必烈认识到，要取得藏区人民的支持和拥护，需要尊重和接受他们的信仰，并与他们的精神领袖建立深层次的关联。

忽必烈表面上依然不露声色，尽力保持着一个王子的威严。

但在内心，他对眼前这个不卑不亢的年轻人突然产生了兴趣，甚至有了些许好感。

作为忽必烈最宠爱的妃子，察必就像一缕清风，不着痕迹地化解了两个男人之间的紧张关系。

她主动拜八思巴为师，还给出了一个折中的办法解决教权与王权的冲突：听法或人少时，上师坐上座；公开场合时，汗王坐上座。

有时候，女性的理性、宽容和善良本身，就是天赋的政治才能。

在察必王妃的促成下，公元1253年，忽必烈正式拜19岁的八思巴为上师。

他们以宗教的形式，实际完成了一次政治上的结盟。双重的连接，让他们的关系从此牢不可破。

蒙古人的原始信仰是萨满教，伴随着他们征服世界的进程，佛教、道教、伊斯兰教、基督教等宗教不断进入视野。

遇到八思巴之后，忽必烈有了更为笃定的信仰，这让他的精神世界空前地充沛起来。这种看不见的力量，让这个中年男人散发出成竹在胸的气质。

而这次相会，也开启了两人此后漫长的合作。八思巴开始了对忽必烈一生的追随，忽必烈从此多了一份其他蒙古皇族不曾有的思想支撑。

这是他们个人友谊的开始，更是一段宏图大业的序幕。

有一些相遇和结缘，似乎就是为了更大的事做准备的。

忽必烈身边，已经聚集了很多人。他们来自不同的地区，拥有不同的身份和信仰。

忽必烈像宽广的草原一样，接纳了他们。

见证了忽必烈拜师礼的人中，有一个叫刘秉忠的汉臣，早在十多年前，他就因缘际会，进入了忽必烈的幕府。

那时，他还在山林中隐居，以为就要这样度过恬淡无为的一生。

刘秉忠出身官宦世家，家族的命运随着时代巨浪沉浮翻转。

他的祖辈先后在辽、金和蒙古为官。他也曾于17岁时，在蒙古统治区担任一名低阶的文吏，但很快就辞官隐世。

山中日月，容易让人忘记尘世的年轮。

十年如水流逝，他出入儒、释、道三门，潜心向学，对天文、地理、律历、治国等知识都广有涉猎。

就在26岁这年，他遇到了一个人，海云印简禅师。

因为禅师的到来，刘秉忠的人生离开了原先的轨迹，掀开了计划外的新篇章。

海云印简禅师被忽必烈请去讲学，因为听闻刘秉忠博学多才，特意绕道前来拜访，并邀请他一起前往漠北。

唐帝国黯然崩裂后，宋王朝结束了混乱不堪的五代十国，但始终未能完成大一统。

四百多年过去了，像刘秉忠这样在战乱年代成长的士人，格外期盼国家的完整和统一。

他们心中所念的不再是一朝、一族、一姓。在他们看来，无论何人，能用士、能行中国之道，他就是中国之主。

就这样，当刘秉忠在漠北见到忽必烈之后，便一路跟随，并在日后为他构建了整个汉臣体系。

在这个汉臣体系中，还有一位大儒。

当新任蒙古大汗蒙哥，将漠南汉地的军政事务全权委托给了忽必烈后，他感到了一丝隐忧。

众人都忙着大肆庆贺，他却对忽必烈说："今天下土地之广，人民之殷，财赋之阜，有超过汉地的吗？军政大权全都归了我们，大汗还管什么？"

这让忽必烈幡然醒悟，主动向哥哥申请，将自己的权限从军民兼领，缩小为只掌管军事。

向忽必烈献策的这位汉人，叫姚枢。

因为姚枢的提醒，忽必烈与蒙哥之间的权力冲突没有过早发生，这为他积蓄

力量赢得了宝贵的时间。

和刘秉忠一样，姚枢也一度在乱世选择归隐。接到忽必烈的邀请时，他已年过半百，但还是欣然前往。

他从忽必烈身上识别出了其他蒙古王子所不具备的素质。

这时的忽必烈已然意识到：治理天下比征服天下繁杂百倍，他需要人帮他。

母亲、察必、八思巴、刘秉忠、姚枢，各自为他打开了别样的天地。

忽必烈显然有了和兄弟们不太一样的想法。但，这也让他陷入了险境。

公元1257年，姚枢最担心的事情还是发生了：忽必烈的兵权以及总领漠南的使命被突然解除。

这年12月，忽必烈赶到了蒙哥身边。

他们已经很久没有见面了。

再次相见，一时无话。

忽必烈向蒙哥敬酒，蒙哥一饮而尽。

忽必烈什么也没有说，再次敬酒。

如此再三，相对无言。

但他们毕竟是亲兄弟，毕竟血浓于水。

之前，忽必烈依照汉官建议，采用中原先进的生产和经营方式治理自己的封地，成效显著，却引起蒙哥的猜忌。

最严厉的一条指控是“得中土心”，即获得了中原汉地的民心，这被认为有谋叛之嫌。

这场酒喝过后，为彻底消除蒙哥的疑虑，忽必烈留在了漠北。

忽必烈被解除兵权的第二年，公元1258年初春，蒙哥亲率大军，兵分三路，攻击南宋。

这是大蒙古国第一次大规模地对南宋用兵，原本计划在第二年三军会师，然后共同攻入南宋都城临安。

不过，蒙哥亲自指挥的这次战争并不顺利。其间，因为东路战事遇挫，忽必烈被重新启用。

亲临前线的蒙哥，在高歌猛进地攻打四川钓鱼城时，意外战亡。

蒙哥没有来得及指定继承人，未来的汗位由谁来坐，充满悬念。

比起年幼的儿子，三个正值壮年的弟弟无疑是更有力的竞争者。

接到蒙哥战死的消息时，忽必烈正在东征鄂州的前线。

他并没有立即北归，直到与南宋达成议和，才带着军功与自己的一众谋臣正式班师。

他知道如何增添自己角逐汗位的砝码。

三弟是西征统帅，已留驻波斯。

新一任的蒙古大汗，将在忽必烈和他的四弟阿里不哥之间产生。

这一年，忽必烈46岁，他或许不是兄弟中最会打仗的一个，但他懂得世间有一种力量强过武力，那是人的思想。

他有八思巴这样富有凝聚力的精神导师在旁提点和支持。

也有像刘秉忠这样的汉臣谋士，用尽韬略、鼎力相助。

他不是一个人在战斗。

公元1260年3月，观察到阿里不哥异动的忽必烈，在众人拥戴下于自己的王府所在地开平，宣布即大汗位。

不到一个月，阿里不哥也在大蒙古国的首府和林，宣布即位。

大蒙古国前所未有地出现了两个并立的大汗，一场兄弟间的权位之争，已是箭在弦上。

纯就军事而言，忽必烈对这一仗并无十足把握。能给予他更多信心的，并不是兵马粮草，而是汇聚在身边的文人谋士。

这或许也是刘秉忠最为紧张的日子。这一次的成败，直接关系到他一生最重要的选择是对还是错。

更重要的是，这是之后一统中国的最关键的一步。

对胜利的信念，永远是获得胜利的首要前提。

早在忽必烈受命总领漠南时，刘秉忠就在心里认定他是未来的大汗，并向他献上了事关国家治理的“万言策”。

那是一份充满儒家理想的施政蓝图与立国之策。

他简单直接地告诉忽必烈：“以马上取天下，不可以马上治之。”

他很早就建议：应该以中原汉地的治国经验为参照，安民固本，建立有效的典章法度。

正是他的这些策论以及一众谋臣的支持，让忽必烈在短短几年里，积累了称汗的资本。

尤其是在经济发展方面，忽必烈治下的漠南明显比弟弟的辖区更具优势。

对于战争来说，这常常是制胜的关键。

作为忽必烈的上师，八思巴高度关注着所有的变化。

多年来，他一直保持着一个习惯：每年为忽必烈写一篇新年贺词，以示祝福，并计算好时间，确保贺词在正月初一送达。

每一篇贺词都如同诗歌一般优美：“由自在威赫之坛城，放射出炽热之光

辉，摧毁来犯之黑暗敌众，祈愿你像太阳照临各方！”

正月初一接受群臣朝贺，是忽必烈的王廷参照汉地宫廷礼仪所设的仪式。

八思巴则用藏地文字写下美好祝愿。

每一个新年伊始，都仿佛是一次蒙、汉、藏之间独特而奇妙的融合。

1260年12月，忽必烈任命八思巴为国师，授以玉印。

汗位之战还在激烈进行。八思巴深知，在手足之情与帝国大业之间做出选择，是一种煎熬。

他为忽必烈祈福，也为天下众生祈福，他希望佛教的慈悲之心，支撑起忽必烈恒久的信念。

公元1264年7月，历时四年的汗位争夺终于有了结果。

忽必烈等来了战败的阿里不哥亲自南下，向自己乞降。

面对在战场上出尔反尔、曾以诈降向自己发起偷袭的弟弟，忽必烈有着满腔的怒火，但在最后一刻，他还是心软了。

他赦免了阿里不哥，赐他自由。

这是他向血腥杀戮的传统告别的一刻。从这一刻起，他希望自己是一个全新

的蒙古大汗。

当时被拘捕问罪的阿里不哥党羽多达千余人，忽必烈最后只处死了十人。

他谨记着刘秉忠的那句话：“天地之好生，王者之神武不杀。”

儒学和佛学都在影响他。

他选择了使用智慧和仁慈，而非暴力来赢取天下。

忽必烈赢了。

这不仅是他一个人的胜利，那些选择与他同生共死的人，全都赢了。

这是一个被后世称为“金莲川幕府”的庞大智囊团。金莲川，是忽必烈称汗时的开平府所在地。

在这个人才济济的幕府里，有致力于制度和文化建设的正统儒生，有通晓天

文、地理、算学、卜卦等知识的术士，还有擅长经商、理财的西域人和波斯人。

他们有着不同的宗教背景，不同的人生履历；他们在人生的不同时刻，来到了忽必烈麾下。

他们各有所长，但目标一致。

自忽必烈即汗位开始，他们就努力把这个草原政权向中原国家的方向打造。

他们在汉地官僚制度的基础上创制了一套新的体系，在中央设中书省总领全国政务，将原属于尚书省的六部划到中书省管辖。

所有的努力最终在公元1271年尘埃落定。

这一年，忽必烈建立汉式国号“大元”。

与祖辈和父辈相比，他的统治观念发生了深刻变化，正逐步按照中原王朝的统治模式完善他的政权。

献上了“大元”二字的刘秉忠，对新国家寄托了无比深切的期待。

“大元”取自《易经》中的“大哉乾元”，乾元，意为天地万物的起源，寓意着伟大的开端。

一个以“大元”为国号的国家，不能没有一座像样的都城。

公元1267年，刘秉忠奉命，开始在燕京附近规划建造一座新城。

关于这座新城的样子，刘秉忠在心里勾勒了无数次：

它的四面应该各有三座门，城中有九条南北大道，九条东西大道，每条大道可容九辆车并行。

皇宫的左边是宗庙，右边是社稷坛，南面是朝，即中央机构的衙署，北面为集市。每市和每朝各百步见方。

这是《周礼·考工记》中记载的古代国都的规制，刘秉忠则将其发展成了理论和实际环境结合的典范。

公元1274年正月初一，元大都皇城宫殿群初步竣工，忽必烈正式登临宫殿，接受百官朝贺。

大元的都城已经有了新名字：大都。

大都由皇城、宫城、外城三重组成，并通过运河与黄河相连。

它的规模跟盛唐时期的长安城几乎相当，是当时世界上最大的城市。

城内设有明确的中轴线，街道布局规整，大街宽24步，小街宽12步。若干小巷名为“胡同”，这个名称，连同这座城市的规制痕迹，一直流传至今。

元朝尊藏传佛教为国教，因此，城内还耸立着多座标志性的佛教寺院。

以儒治国，以佛治心，这是元帝国的国策。

大都建成八个月后，刘秉忠与世长辞。

带着“开文明之治，立太平之基，光守成之业”的梦想，他远赴漠北，并全力以赴地实践了这个梦想。

传奇的人生，似乎总是在完成使命后戛然而止。

刘秉忠去世两年后，忽必烈攻灭南宋。

从成吉思汗开始，经窝阔台、蒙哥再到忽必烈，历三代共七十余年，蒙古人建立的元帝国终结了西辽、西夏、金、吐蕃、大理、南宋等政权各据一方的分裂局面，继隋唐之后，再次实现了中国的大一统。

此时的元帝国疆域空前辽阔，东起日本海，西抵天山，北到贝加尔湖，南至暹罗，是中国历史上疆域最大的王朝。

元朝设置了专门管理西藏事务的机构，初名总制院，后更名为宣政院，西藏地区正式成为中央政府直接管辖下的一个地方行政区域。

随着忽必烈一步步走向胜利，八思巴也来到了元大都。

大都隆重迎接国师的到来。

但八思巴没有忙着讲经授法，他为这个正在成形的新帝国，献上了一份厚礼。

那是他奉命创制的蒙古新字。

长久以来，蒙古人一直没有正式的文字，后来则用回鹘字母拼写蒙古语。

忽必烈深感没有全国统一的文字，政令难以通达，便把任务交给了八思巴。

八思巴用时数年，以藏文字母为蓝本，结合汉字、畏兀字的书写习惯，创制出了一套方形竖写的拼音字母。

公元1269年2月，忽必烈下诏颁行蒙古新字于全国。

此后的元朝，凡是诏令、公文、印章、钱币等，都必须使用蒙古新字。近代学术界称其为“八思巴文”。

一年后，忽必烈将八思巴的封号从国师升为帝师，“皇天之下，一人之上”。

自八思巴开始，帝师成了元朝的常设职位，地位极其崇高。

然而，就在元大都竣工的1274年，39岁的八思巴决定：把帝师一职交给同父异母的弟弟代理，独自返回西藏。

他在高原上的故乡、萨迦寺和他的家族，成了他最大的牵挂。

当八思巴准备动身之时，忽必烈有一种强烈的预感：这或许是两人的最后一别。

回到故乡的八思巴，为元帝国完成了西藏地区地方行政体系的建设：清查户口，设置驿站，划分十三万户。

公元1280年，此生使命已达成圆满的八思巴在萨迦寺圆寂，享年46岁。

以“帝师”的身份影响了一个国家之后，生命的最后时刻，八思巴把自己献给了高原上的众生。

岁月并没有因为一个高僧的圆寂而慢下脚步。

现在，它来到了忽必烈面前。

公元1285年，几番周折之后，忽必烈终于看到了那份被御史台刻意扣留的奏章。

奏章对他是否还能当大元的皇帝提出质疑。

他已经年届七旬，状态越来越差。

过去几年里，曾为他建国作出重要贡献的姚枢，以及他一生挚爱的察必皇后，相继辞别人世。

有一年，他信任的汉族将领起兵谋反。于是，他开始疏远那些之前被重用的汉臣。

亲近的人一个一个离开了，忽必烈感到一种从未有过的虚空。

他的耐性与判断力也大不如从前。

就在这种情形下，有江南御史奏称：皇帝年事已高，应该禅位给太子真金。

御史台官员感到非同小可，秘密留下奏章。

但不久，就有人揭发了此事。

忽必烈大为震怒。

真金是忽必烈与察必皇后的儿子，从小被姚枢等儒臣教育长大，以儒治国是他一直向往和致力践行的理念。

在忽必烈晚年对汉法产生厌倦时，真金充任了继续汉法改革的支持者。

他对奏章之事一无所知，却因为父亲的雷霆之怒而恐惧不安。

原本就体弱多病的他，很快离世。

虽然忽必烈没有惩处站在真金背后的汉臣，但并不意味着他改变了态度。此时的他，几乎与年轻时的自己逆向而行。

真金死后，一些汉臣寄望于太子推动朝政改革的梦想也就此破灭。

失去了皇太子的忽必烈，瞬间失去了奋斗的全部意义，再没有什么比晚年丧子带给他的打击更为沉重。

真金曾是他亲自选定的继承人，也是蒙古族历史上的第一个皇太子。

他不在了，未来这个国家将交给谁呢？

年轻时慷慨豪迈、一路凯歌的忽必烈，在晚年却陷入了极大的悲凉。

至亲的谢世，政治决策上的挫败，让他变得消极、抑郁。

他一生好酒，但这时他已全然浸泡在酒中，好像只有这样，才能获得安慰。

他似乎恢复了一个草原人的本性，也或许，他想念那片草原，想念身缠明亮的金丝腰带、奔腾呼啸的时光。

人生的最后几年里，忽必烈身边几乎没有了汉人。

衰老、肥胖、失望、倦怠、酗酒，最终一起敲响了他生命的晚钟。

公元1294年，忽必烈在大都病逝，终年80岁。

作为骁勇善战的草原黄金家族的后裔，忽必烈有一种敏锐的战略家天赋，并借此取得了他的祖父成吉思汗所未能取得的成就——征服并统一了全中国。

长久以来，中国人一直坚守着一个共同的理想：建立一个大一统的国家。

即使在漫长的分裂时期，“中国”的观念依然经久不衰。

忽必烈和大元，让中国的历史传统得到再次延续。

肆 市井

有人说，戏如人生。但其实，又有谁的人生不是一出戏呢？

元朝初年的某个午后，行院里排练着一出名叫《陈母教子》的戏。

这出戏讲的是宋朝的一段真实故事。陈家的三个儿子在母亲鞭策下，全都当了状元。

自从有了科举，中状元就是所有读书人的梦想。

当然，也是这部戏的作者关汉卿的梦想。

汉卿是他的字，但后世只能这么称呼他。

他的名，伴随着他的人生细节，都湮没在历史中，真伪难辨。

他很可能是一个生在金朝末年的汉人。少年时，南下的蒙古铁骑攻进他的国家。战争与杀戮，并没有浇灭他作为读书人所保有的期待。

圣贤书终是有用的。

但是，等他成年后，科举却停止了。

金榜题名，进而治国平天下的梦想，彻底与他们这一代无缘了。

不仅仅如此，整个国家秩序都在重建。

而重建需要多久，并没有人知道。

只能重新选择自己的人生了。

于是，戏剧成为关汉卿新的人生。

剧中人就是他的颠倒梦想。

他心中的喜怒哀乐、忠孝仁义，他的恨，他的爱，都投射进了每一个即将登场的粉墨人生里。

据说关汉卿出生在今天的山西运城，那里曾经属于金朝。

年轻时，因为家族传承，他可能曾在金朝太医院任职。

但很快，或许因为战乱、或许因为性格，他开始了四处漂泊。

关汉卿很有才，有人评价他风流倜傥、博学能文、滑稽多智。

总之，他是一个看上去很好玩儿的人，但好玩儿，似乎并不是对一个文人的褒奖。

他有属于自己的独特的人生观。

一定程度上，有点像魏晋时期的“竹林七贤”。

同样身处朝代更迭之间的纷扰乱世，同样对新朝政府缺乏认同。无可奈何之下，只能任性妄为、张狂不逊，用一种与时代不合作的姿态，保持洁身自好。

相比千年前的魏晋风度，关汉卿似乎又多了几分自嘲，几分戏谑。

他说自己是“普天下郎君领袖，盖世界浪子班头”。

自比花花公子，这份带着叛逆的无奈，又有谁人知晓呢？

或许，每一个狂放纵情、无所顾忌的外表下，都隐藏着一颗极度孤单和悲伤的心。

虽然生于金朝，但因为金朝崇儒，关汉卿在父亲教育下，系统学习了儒学，这是他身为汉人的精神基础。

学而优则仕，是一千多年来儒生们的人生道路。

如孟子所说，这好比农夫耕田一般的天经地义。

如今，蒙古人灭了金朝，这个崇尚长生天的民族，此时还没有建立对儒家思想的本质认知，更不知道如何利用儒学形成自己的人才选拔体系。

他们无限期地关闭了科举考试的大门。

科举，作为儒家社会人才晋升渠道的功能不复存在，儒生们的社会地位也因此受到很大影响。

这让只会读书的他们产生了强烈的危机感，甚至是绝望感。

突然之间无路可循，浓重的失落、沉郁和无处可说的愤怒，都压抑在心里。许多人遁入山林，就此隐世，也有人转换行业，做了工匠与商贩。

丧失了归属感和目标感的人生，是空虚而漫长的。

而眼前的落差又令人分外感慨。

同一时期，南方的土地上正在大兴儒学。南宋王朝的科举制度日趋完善，并将此前称为“周孔之教”的儒学，改称为“孔孟之道”。在关汉卿出生前不久刚刚辞世的朱熹，以及他所完善和推行的“理学”思想，带来了一次儒学的复兴。

而这些，似乎都与关汉卿们毫无关系。

仅仅相隔千里，一切竟是如此不同。

关汉卿向往那个还没有走远的黄金年代。

那个朱熹所处的年代。

公元1127年，宋徽宗之子赵构称帝，史称南宋，与金朝议和后，以秦岭淮河为界，于南方偏安。

在之后的一百五十多年中，南宋虽然外患深重，但经济、文化的发展却成就了一个文明而富庶的新高峰。商品经济发达，官学、私学都得到有力扶持。宽松开放的环境，让各种思潮有了蓬勃生长的空间。

南宋被后人称为“东方的文艺复兴”时期。一批学者带着各自的思想沉淀走上历史舞台。

他们在各地讲学，互争雄长，一方面开发民智、培育人才，另一方面，更是为了改进政治，创造理想社会。

不同的是，先秦的百家争鸣，基本都在上层社会进行，多为国君或贵族服务。而南宋时期，学者们的思考和宣讲，则更多是在民间进行的自由交流。

其中最著名的一次会讲，发生在公元1167年。

那一年，朱熹从福建专程来到长沙，拜访岳麓书院的山长张栻。

“为天地立心，为生民立命，为往圣继绝学，为万世开太平。”

理学思想的创始人、北宋思想家张载的这句话，用来评价朱熹和张栻都是恰当的。

朱熹19岁中进士，37岁来到岳麓山时已是名满天下的大学者，新儒学的代表人物。

朱熹认为：“理”先于自然和万物，是形而上者。每样事物都有“理”，这个“理”是该事物的本质、形式和规律，“理”也是道德伦理的基本准则。

基于此，他将儒学通俗化。从言谈举止、衣食住行出发，构建了一套具体的行为准则。

上至皇帝、下至百姓，如果都能依“理”行事，自然就能建立良好的秩序。那是他心中的理想社会。

张栻把公开辩论看作是一次很好的讲学机会。辩论无关输赢，重要的是能够穷理以致知。

思想可以针锋相对，也可以和而不同；论道可以心平气和，也可以慷慨激昂。

岳麓山上的“朱张会讲”，和支持、欢迎这一切的那个开明的时代，逐渐都随着湘江水而去。

关汉卿无缘那样的盛事，但他向往那样坦荡而纯粹的思想碰撞。

儒家三不朽，立德、立功、立言。

他相信会有一个适合自己的方式，向世人展示他的精神世界。

所有伟大的文艺作品，都是创作者面对世界的告白。

关汉卿选择了戏剧作为他的告白方式。

是什么机缘让关汉卿走上了戏剧道路，后世无从得知。

只知道，他的故国金国，那个存在了119年的女真族王朝，在音乐、文学方面都有卓越的成就。

他们的“诸宫调”，是一种音乐性很强的说唱伎艺。

他们的“院本”，是专门用来在剧场演出的歌舞短剧。

而在这些方面颇有建树的往往都是汉人。系统的儒学教养带给他们更多的文化积淀，洒脱奔放的少数民族氛围滋养着他们的激情和灵感，作品就这样诞生了。

有一个创作主题，关汉卿很喜欢。

在《拜月亭》《金线池》《绯衣梦》《谢天香》等作品中，他反复用金榜题名后有情人终成眷属，来作为才子佳人大团圆的结局。

金榜题名，正是儒生的梦。

而《陈母教子》，几乎就是讲述了一个极端的科举故事。

后世学者对于这部戏究竟是不是关汉卿所作，有很多讨论。浪漫不羁的关汉卿，怎么会写出这样一部说教感极强的戏？

或许，看上去不屑于上进的关汉卿，一直无法释怀与科举无缘的至深遗憾。

让剧中人实现自己的梦，这是一个剧作家最大的权利。而这个梦，也是他最深切、最无解的痛苦。

一个有才华的人是很难隐藏的，特别是当他遇到了最合适的舞台。

关汉卿的名气在同行间很快传开，身边渐渐多了志同道合的伙伴。

这些人几乎无一例外，都是现实社会的精神逃离者。

他们一起创作、一起排练、一起演出。

关汉卿喜欢这些伙伴。他和他们能相互理解，相互取暖，能彼此给予前进的力量。

如同五百年前那个叫杜甫的诗人一样，关汉卿观察和体味身边人的情感，把他们的悲欢离合，写进了作品。

他们出现时，或许是农民，或许是工匠，或许是商人，也或许是奴婢、士兵、孤儿，甚至也有市井无赖。

他们不是轰轰烈烈的，不是高不可攀的，他们经历着和所有普通人同样艰难的人生。

不同的是，杜甫诗中的平民面对苦难时，尽管内心痛苦哀怨，但都选择了忍耐和接受。

而关汉卿剧作中的平民，不愿任人宰割。他们努力抗争，不断追求生活的权利。

戏中那些清正廉明的、秉公执法的、神机妙算的，为民请命、替民作主的清官们，则是关汉卿梦想中的英雄。

乱世中的个人渺小无力，只有在戏剧世界里，他尽可以肆意想象英雄。

想象自己就是那个英雄，那个拯救者。救自己，也救世人。

关汉卿写的第一部戏，名字叫作《关大王单刀会》。

故事很简单，讲的是三国时，东吴鲁肃设宴，约关羽过江，企图强迫他交出荆州。关羽明知其意，却不肯示弱。他单刀赴会，怒斥鲁肃，而后智退伏兵，安然归去。

关汉卿只用了很少的笔墨，蜻蜓点水般对故事情节做了简单介绍，然后，把大量的篇幅都用于赞美英勇无畏的关羽。

善与恶的斗争，是他创作中不变的命题。

正义必胜是他坚定不移的世界观。

惩恶扬善需要英雄。在他心目中，最具英雄气的、最能代表忠义二字的历史人物，就是关羽。

因为同是山西关姓，据说关羽正是关汉卿的先祖。

虽然仰慕先祖，但关汉卿深知自己并没有“匹马单刀镇九州”之勇，做不了力挽狂澜的救世者。

他只能在一方小小的戏台上，抒发一下压抑许久的情绪，圆一个无法实现的英雄梦。

关汉卿写过两部以关羽为主角的历史剧。在戏中，历史事实都只是他表达梦想的载体。

他呼唤的，是一个有理有序、无冤不平的理想社会。

但是，梦越美好，与现实的距离就越遥远。

关汉卿又何尝不知！

在《关大王单刀会》的结尾，望着滔滔东去的长江，他借剧中人之口发出了一声叹息：

“这，不是江水，这是二十年流不尽的英雄血。”

戏剧与小说同时在金宋元交替的时代兴盛，或许不是偶然。

戏在中国出现得很早，先期泛指一切伎艺娱乐，有“百戏”一说。

但相比公元前6世纪到2世纪就创造出辉煌成就的古希腊悲喜剧，以及公元1至2世纪前后达到成熟的印度梵剧，中国的戏剧艺术姗姗来迟。

礼乐是中国文化的源头。但礼乐是社会秩序的体现，乐要服务于礼的需求，因此，并不是所有的音乐、舞蹈和表演都能被纳入其中。

当蒙古人带着少数民族文化进入中原后，戏剧有了生长的机会。

关汉卿极大地发展了戏剧的娱乐功能，同时又把自己对社会和人生的思考，以及儒家所推崇的伦理观念融入其中。

由此，戏剧承担起了文以载道、助成教化的使命。

目不识丁的普通百姓无法通过读书明理，但是可以通过戏台上善恶忠奸的故事，对忠孝仁义建立起朴素的认知。

自宋以来高扬的理学，就此多了一个潜移默化的传播渠道。下沉到市井乡野的儒家文化，更进一步融入了中国人的精神基因。

公元1271年，“大元”国号正式确立。

几个月后，元朝发起了对南宋的进攻。

五年后，南宋都城临安被攻破。此后南宋部队边打边退，终于走到了大陆的尽头，崖山。

公元1279年正月，元军陆续抵达崖山。

两个月后，崖山海战结束，大宋王朝宣告灭亡。

南宋名将文天祥临死前写下千古名句："人生自古谁无死，留取丹心照汗青。"

这一历史剧变，给南方的汉族文人们带来了巨大的震撼。

以武力决胜负的时代，战争几乎无法避免。但身在其中的人懂得，那是无法愈合的伤痛。

关汉卿的18部存世杂剧中，有6部借用了战争。

《五侯宴》《单鞭夺槊》《西蜀梦》《哭存孝》《单刀会》五部都是历史剧，遥远的时间感弱化了战争的悲怆。

但是《拜月亭》不同，这部以蒙、金更替时期为背景的爱情喜剧，因为战争埋下了无尽的悲伤。

剧中不再有对战争正义性的渲染，也没有对战争胜利者的崇拜，只有弱小个体的悲鸣和绝望。

他们无力抵抗，只能"行一步，一叹息"，面对"白骨中原如卧麻""马到处成平地"的景象，他们如同狂风扫荡下的蚂蚁，"万姓仓皇"。

没有人能选择自己生存的年代，可以选择的，只有如何对待自己的生命。

历史洪流中，剑胆雄心已无用武之地。

关汉卿选择化剑为笔。

关汉卿一生的大多数时间，是在元大都度过的。这里曾经是金国首都，后来成为元帝国的都城。

虽然元帝国努力推行“汉法”，启用汉臣，甚至国号“大元”都是从儒家“五经”的《易经》中取得，但是不同于隋唐之前几百年的文化融合期，在元帝国建立之初，各个民族的人，即便生活在同一座城市，精神上依然是陌生的。

只有沉到市井中，或许还能有呼吸的空间。

书会是一个特别的行业组织，是关汉卿和朋友们交流的平台。

他们在这里把酒言欢，讨论现实、抒发情怀，也一起完成创作。

元大都里有一个名叫“玉京”的书会，才华横溢的剧作家们时常在这里倾听彼此的声音。

白朴，金朝遗民，幼时饱尝国破家亡之痛，终生不在元朝为官。他的《梧桐雨》被认为以独特的悲剧审美精神，开启了之后《桃花扇》和《红楼梦》的美学境界。

杨显之，关汉卿的莫逆之交，因善于对他人作品提出中肯意见，被誉为“杨补丁”。

他们被统称为“书会才人”。

元大都的戏剧圈里，还有比关汉卿略晚一些，同被誉为“元曲四大家”的马致远等人发起的“元贞书会”。

这是他们自我放逐的地方，也是他们为自己搭建的一片精神避难地。

越来越多的文人汇入了戏曲创作，他们在灯窗下开始一轮又一轮剧本的竞赛与切磋。

也正是从他们开始，杂剧逐渐取代正统的诗文，成为一股新的文学潮流。融入了更多新的元素后，中国文化通过更加多元的渠道，保留下来，流传开去。

瓦舍勾栏里，与剧作家们相伴的，还有歌伎艺人。

这些女子有着同样杰出的才情，她们能歌善舞，大多还能赋诗作曲。同时，她们也是那个时期戏剧舞台上的主要演员。

在元朝后期一本名为《青楼集》的元代杂剧演员传记里，记录下了121位杰出女艺人的名字与事迹，数量远远超过同时代的男性艺人。

没有她们的表演，就不会有戏剧的完成。那些精彩故事的主角就无法从剧本里走出来，变为一个个活生生的人。

但因为是女性，几乎没有人注意她们的付出，更没有人欣赏她们的才华。

在一个绝对的男权社会里，她们是底层中的底层，弱者中的弱者。

她们无法为自己做主，甚至无法为自己的痛苦发出一点声音。

关汉卿是关爱她们的。现实中的他，没有能力改变她们的命运；在戏剧中，他做到了。

他有三分之二的作品都以女性为主角。

这些女性社会地位低下，妓女、婢女、乳娘、农妇、寡妇、寄人篱下的弱女，现实中，她们毫无例外都是被渔色猎艳或残酷奴役的对象。

但是，在戏里，关汉卿赋予了她们力量。

她们聪明、勇敢，并坚持不渝地追寻自己的幸福。

数千年的中国古代社会发展史，几乎是一部父系文化和男权话语独尊的历史。

女性的自由、独立与权利，是被遮蔽和压抑的。

关汉卿表现出对女性的关爱，不仅仅因为他与女性的交往，更来于他对女性深刻的认同。

在他笔下，女性可以发挥聪明才智拯救男性，女性可以通过努力改变自己的命运。

而关汉卿对身份平等与权利平等的呼唤，并不仅仅是为女性，也是为自己，为那些“低人一等”的人。

马背上得天下的蒙古人，还没有做好治理天下的全面准备。

忽必烈建立元朝后，一直并不排斥汉人，立国的大量制度设计，很多都是汉臣的功劳。虽然科举直到帝国中期才恢复，但是此时，朝廷已经开始招募一些汉族文人进入。

只是，整个社会的道德观念、价值取向、文化认知，都还有比较大的分歧。

特别是蒙古贵族拥有最多的特权，这让他们与普通贫民之间产生了仿佛天壤之别的社会差距。

沿袭了在战争时期买卖奴隶的习惯，元帝国建立后，非法买卖人口的现象依然严重，而这些被买卖的人又因为社会阶层低下、法度和管理的缺失，而无处申冤。

就如关汉卿戏文所写：“为臣不守法，将官府敢欺压，将妻女敢夺拿，将百姓敢蹅踏。”

难道真的是“为善的受贫穷更命短，造恶的享富贵又寿延”？

如果天地也如此不公，那天地间还有“理”吗？

关汉卿坚信：“有日月朝暮悬，有鬼神掌着生死权。”

他要为那些冤死的人，寻一个天理，求一个说法。

关汉卿写过很多个历史剧，那些久远的故事带着如梦似幻的背影，任由他寄托和表达。

但那些隔着时空的呐喊，如同隔靴搔痒，无法触达他深入骨髓的痛楚。

终于，他不想再躲进历史里。

他要把那些近在眼前的、真实的痛，直截了当地，喊出来。

除了元大都，关汉卿还在苏州、杭州生活了很多年，在江南期间，他决定写一部跟以往不同的戏。

几十年的所见所感，在他内心郁结成无法抑制的悲情。

所以，他决定不再迎合世俗的欢乐，也不再假装嬉笑怒骂，他要写一部真正的悲剧。

而元朝社会独有的文化宽松环境，也给了他创作的自由空间。

他从汉代的民间传说“东海孝妇”取材，但不再借古讽今，而是直接选用元代的现实社会为背景，讲述了主人公窦娥的故事。

窦娥3岁时便死了母亲，7岁时因父亲窦天章进京赶考缺少盘缠，被卖给蔡婆家做童养媳，婚后不久丈夫病死，窦娥成了寡妇。

蔡婆讨债遇险，被张驴儿父子救下，谁知却引狼入室。

张驴儿见窦娥年轻貌美，心生歹意，要挟窦娥委身于他。

窦娥不惧张驴儿的胁迫，遭其歹毒嫁祸。她耐住了严刑拷打，却因不忍让婆婆受刑而含冤认罪。

临死前窦娥发出誓愿：要血溅白练、六月飞雪、三年大旱。她的冤屈感天动地，誓愿竟然实现。

被枉杀后的窦娥化作鬼魂，向已经及第为官的父亲痛诉冤情。

窦天章派人彻查此案，终将恶人正法，令窦娥的冤屈得以昭雪。

《窦娥冤》上演后引起了轰动。

那个遭遇不幸但始终坚忍善良的女子，那个弱小身躯发出的惊天动地的控诉，永远地留在了历史上。

> 有日月朝暮悬，有鬼神掌着生死权。
>
> 天地也，只合把清浊分辨，可怎生糊突了盗跖、颜渊？
>
> 为善的受贫穷更命短，造恶的享富贵又寿延。
>
> 天地也，做得个怕硬欺软，却原来也这般顺水推船。
>
> 地也，你不分好歹何为地？天也，你错勘贤愚枉做天！
>
> 哎，只落得两泪涟涟。

极度绝望的窦娥向天地抗议，她已经不再幻想得到公正。

她只想要让六月的江南大雪纷飞，让洁白的雪覆盖她的尸体，为她的冤魂作证。

在各种力量的共谋和欺压下，一个女性遭遇了源源不断的苦难。

先是父亲。

40两银子卖身为童养媳。为了父亲的前程，窦娥只能接受。

接着是婆婆。

虽是童养媳，窦娥依然对丈夫充满感情，但逼迫她改嫁的就是婆婆，婆婆的话，她不得不听。

接着是男性。

张驴儿想霸占窦娥未果，便诬告窦娥毒死他父亲。张驴儿只是一个无赖泼皮，却依然是可以压迫窦娥的男性。

接着是官员。

太守桃杌既贪且昏。窦娥在公堂上被打得血肉横飞，依旧拒不招认，反而言辞激烈，针锋相对。但一个普通女性，怎么可能是权力的对手？

最后，当窦娥的鬼魂向做了官的父亲诉冤时，窦天章的第一反应是劈头盖脸地斥骂，说她“辱没祖宗世德，又连累我的清名”。

父亲并不相信女儿。为女儿洗刷冤情，也不是为了公正，只是为自己清官的名声。又即便最终翻案，窦娥也并不能死而复生。

这是一部彻头彻尾的悲剧，连沉冤得雪、善恶有报的结局都无法挽回的悲剧。

关汉卿要借窦娥，说出世间每一个小人物的冤屈，这其中，就有他的冤屈。

他就是窦娥，知道自己的冤和悲，永远无法得到申诉和化解。对颠倒黑白的天地鬼神，他只剩了一声惊雷般的喝问，那是他全部的反抗。

他的最后一个梦，已经破碎了。那是他念念不忘的苍生之苦、救世之梦。

关汉卿渐渐地老了。

当年的朋友们纷纷作古，他们的玉京书会也早已人去楼空，尘埃遍地。

关汉卿感到落寞而悲凉。

人是会老的。

他一生创作了无数鲜活的人物，最终，他以自己为主角，写下一部《一枝花·不伏老》。

在这部自传体意味的散曲中，关汉卿以第一人称总结了自己的人生。

我玩的是梁园月，饮的是东京酒，赏的是洛阳花，攀的是章台柳。

我也会围棋，会蹴踘，会打围，会插科，会歌舞，会吹弹，会咽作，会吟诗，会双陆。

你便是落了我牙，歪了我口，瘸了我腿，折了我手，天赐与我这几般儿歹症候，尚兀自不肯休。

我是个蒸不烂煮不熟捶不扁炒不爆响珰珰一粒铜豌豆。

在对自己的调侃里，他又变回了那个任性、狂放、玩世不恭的关汉卿。

据说，关汉卿活到高龄才离世。

他就像个斗士一样，屏着一口气，把自己选择的道路坚持走到了尽头。

生活在这样一个短暂但独特的历史时期，是他的不幸，也是他的幸运。

时代塑造了他，他创作了戏。

他在茫然四顾中，忍着疼痛站起来，看见了熙熙攘攘的人世间。他写了许多人的故事，但或许，他只是写了自己的故事。

在“十里扬州风物妍”的清灵委婉之地，有一位“出落着神仙”般的戏曲演员，珠帘秀。

她不仅容貌极美，杂剧表演能力更是独步当时，无人可敌。

除了出演女性角色，她还能出神入化地反串男角。无论帝王将相，还是贩夫走卒，无不天然老成、惟妙惟肖。后世梨园界对她推崇备至。

她也以才艺赢得了众多文人的尊重与爱慕。

据说，她最终选择将终身托付给一个背景模糊的钱塘道士。

关汉卿曾是与她词曲赠答的众多追求者中的一个。

《望江亭》《救风尘》都是关汉卿专为珠帘秀写的戏。

他们的故事引发过后世很多浪漫的猜想。

但其实，后人所了解的，也只有这么多。

没有人知道她的名字叫什么，何时出生、何时逝去，到底经历过什么。

和关汉卿一样，她留下的痕迹，只和戏剧有关。

传说中，珠帘秀嫁于道士后，就作别了留下过她夺目光彩的舞台，洗净铅华，远离风尘。

他们一起生活了二十年。

在她离世后，钱塘道士写下了四句话：

“二十年前我共伊，只因彼此太痴迷，忽然四大相离后，你是何人我是谁？”

痴迷于戏的人，经常分不清真实与虚构，分不清哪个是你、哪个是我。

对于关汉卿来说，人生是一出戏，更是大梦一场。

笑过，哭过，闹过，悲过，来过。

伍 臣子

他们有一个共同的称谓，叫作“臣”。

在中国古代政治体系中，臣扮演着十分重要的角色，他们维系着国家机器的有序运转，上事君，下治民，是联结君和民的纽带。

他们是服务者，也是管理者；是政策的制定者，也是执行者。很多流传至今的隽永的制度和规范，都来自他们的设计。

臣，是一种身份，也是一种职业。

他们依附于君而存在，食君之禄，忠君之事。

但他们又是有着各自思想与性格的人。

他们的能力有大有小，品性有好有坏。由于价值观不同、选择不同、所言所行不同，他们在后世留下了褒贬不一的评价。

历史进入明代时，君和臣的关系发生了一次极大的变化。

文官集团里，出现了两个极致的代表，一个叫海瑞，一个叫张居正。

经历了一次严重的宫女刺杀事件后，明帝国的第11位皇帝朱厚熜就很少上朝了。

他不信任任何人。除了贴身的太监、侍卫以及屈指可数的几位内阁大学士，他几乎不见其他人，无论是儿子，还是大臣。

他宁愿跟自己的猫待在一起，除此之外只想修仙求道。

他的先祖朱元璋，是中国历史上出身最寒微的开国皇帝之一，也许因为这个原因，朱元璋也是历史上最勤勉、最严苛的帝王之一。

他要求，无论寒暑，皇帝每天都要上朝三次，不仅要接见大臣议事，甚至还要接见普通民众。

只是，快两百年过去了，一切都在改变。

立国后不久，为强化皇权，朱元璋废除了丞相，并警告子孙，永世不得再立。

强势的朱元璋不想让任何人、任何机构分走他的权力，他要亲自管理天下。

但这样一来，皇帝需要处理的事实在太多，于是出现了一个类似于秘书处的机构——内阁。

内阁大学士代替皇帝阅读奏章，草拟意见，皇帝再把正式意见用红笔写下，最终由司礼监掌印太监在“批红”的部分审核盖印，下发执行。

这个制度已执行了很多朝，但问题似乎也不少。

嘉靖皇帝朱厚熜性格内向，沉默寡言，他心机很深，并且多疑。

但是，治理国家总要用人。

他选择了用大臣，大臣们整体素质好过太监。更重要的是，他们从小读圣贤书，心中有对君臣之道的敬畏，这一点很重要。

当然，还要看他们如何尽到臣子的本分了。

朱厚熜当皇帝的第一年，就跟大臣们有过一场激烈交锋。

他原本是藩王之子，由于前任皇帝没有子嗣，所以选他继承了皇位。

登基后，朱厚熜提出讨论自己生父的尊号问题。

多数大臣的意见是，既然朱厚熜已继承大统，那就不能再称自己的亲生父母为父母，只能自称“侄皇帝”。

这让他极为愤怒。

而以张璁为首的新生代朝臣提出了另外的方案，建议尊孝宗为皇伯考，称生父为皇考。

这是嘉靖皇帝想要的。

双方斗争了三年，最后以皇帝的胜利告终。

张璁一跃成为内阁首辅。

此前，首辅与其他内阁大学士的实际权限差异并不大。因为嘉靖皇帝的倚重，内阁首辅逐渐获得了一人之下、万人之上的地位。

只是，首辅毕竟不是曾经的丞相，有实而无名。

此后的每一任首辅都应当小心把握权力的分寸，一旦逾越，将万劫不复。

但在当时，还没有人意识到这一点。

内阁首辅，成了明朝官场最炙手可热的位置。

成为内阁首辅，也是张居正的梦想。他一直在为此奋斗。

只是奋斗到30岁的时候，他感到自己好像离梦想越来越远了。

公元1554年，时任翰林院编修的张居正以养病为由，请长假回到江陵老家。

他的病是心病。

自23岁以进士身份进入官场，七年里他燃烧了自己的全部热情。

张居正的先祖曾跟随朱元璋起兵。虽然他这一脉已经远离军役，成为普通的耕读人家，但先祖以身报国的经历，依然时刻激荡着他。

到曾祖父的时候，生活困顿，却仍不忘施舍穷人。张居正深受激励，很早就立下志向：愿做一张任人枕卧的草席，哪怕被屎尿污秽浸渍，也义无反顾。

不顾个人毁誉，也要造福天下，张居正立的是一个成圣之志，为了这个目标，他选的，是一条经世致用之路。

但他有点太着急了。

获授翰林院编修的第一年，他就凭着一腔热血，上书朝廷，试图从官僚、军备、财政等层面，对这个国家进行革新。

然而，嘉靖皇帝正忙着修道，内阁正耽于残酷的政治斗争，他们好像从来没有看到过这份上书。

因为弹劾内阁首辅严嵩，与张居正同年的进士杨继盛遭遇一百廷杖并被打入深牢，他们共同的老师、内阁大学士徐阶却毫无作为，年轻气盛的张居正感到大失所望。

他决计，与其在朝中苟且，不如归于山野。

张居正太年轻了，还不能理解老师静水流深的为臣智慧。

也是因为年轻，他又怎么能甘心在江陵种竹养鹤呢?

就在张居正回家乡的前一年，公元1553年，会试再次落败的海瑞，打算听从

吏部分配，前往福建南平县任职。

他已经40岁，不想再浪费时间。

即将步入官场，海瑞更加注重对自己的人格修炼。

年轻时，他曾写下一篇《自警词》，时时鞭策自己。在这篇文章里，他假借神明，对自身进行灵魂拷问：

入府县做官，得钱容易，还有华堂美女，会为此动心吗？

在财帛世界，能像中流砥柱那样屹立吗？

会不会趋炎附势，会不会欺世盗名？

他发誓，若犯了任何一条戒律，“不如速死”。

有人嘲笑他在用圣人的标准自我标榜，却不知，这就是海瑞一生不变的态度。

如果说张居正的志向，是想改造出一个“更好的天下”，那海瑞的志向，更像是要做“最好的自己”。

海瑞的家乡在海南。

这里偏僻荒蛮，远离中央王朝的统治中心，自古就是贬官的流放地。

贬官大多是有气节的文人，他们为海南带来了文化传统，也用自己的风骨构筑了一座精神孤岛。

海瑞和好友丘郊就成长在这样的一座岛屿上。

丘郊，是被史学界称为“有明一代文臣之宗”的丘濬的后人。祖辈的清名和显赫的家世，并没有让他弃绝农事。

他修建了一座亭子，取名“乐耕”。

海瑞和丘郊二人时常在这里切磋学问，讨论做人的道理。

“必为圣贤，不为乡愿。”这是青年海瑞对自己的人生设定。

乡愿，是指外表谨厚、实则伪善之人，被孔子称为“德之贼者”。

海瑞决定，要用“德行”铺就自己的圣贤之路。

公元1553年12月，海瑞出任福建南平县教谕，这是当地主管教育的学官。

上任第一年，海瑞心中严明的准则，就与明朝官场的风气，产生了一次硬碰硬的对撞。

时逢巡按御史造访学宫。

巡按御史代天子巡狩，监察百官，所到之处，地方官员无不屈身跪拜。

唯独海瑞岿然不动。

尽管只是一名小小的学官，他的骨头比谁都硬。

巡按御史阅官无数，但也从来没有见过一个像海瑞这样的人。

他居然说：这里是教书育人的学堂，不是御史大人的衙署，怎么能下跪呢？

不认官场潜规则，只认太祖的清规戒律，这就是海瑞。

他为自己取了一个别号，叫“刚峰”。他决心像山峰一样刚正。

曾经，他的道德之镜只检阅自己。如今，他开始拿这面镜子映照整个国家。

这让海瑞顿时名声大震。

但也因为如此，他成了明朝官场的另类。

蛰伏三年，对于像张居正这样清醒而自负的人，已经足够了。

曾经的挫折感早已消弭，三年时间，足够他想清楚自己究竟要什么，以及如何才能到达。

他心中的意志坚定如山。

现在，他只需要付诸行动。

公元1557年秋，张居正决意重返翰林院。

几个月后，海瑞也有了一个更为正式的官职，浙江淳安知县。

自此，他们几乎同时踏上了新的为臣之路。

公元1564年，51岁的海瑞升任户部主事。

虽然官阶不高，但身在朝廷的中枢部门，海瑞认为自己看到了国家的深层危机。

嘉靖皇帝二十多年都没有上过朝，这毫无疑问是“君道不正”。

前首辅严嵩一党历经十数年方被铲除，但吏治依旧腐败，这源于“臣职不明”。

如此严重的问题，怎么能不去改变？海瑞感到无比愤慨。

为臣者，对下，理应全情为民，简朴清廉；对上，即便忠言逆耳，也要肝胆赤诚。

海瑞认定，臣子有责任说出自己必须说的话。

明代的儒家弟子们，对吏治的批评一向极为猛烈。即使因言获罪，也在所不惜。

二十多年前，“阳明心学”的弟子刘魁，就因反对嘉靖皇帝沉迷修道而上书。上书前，他为自己准备了一口棺材。

刘魁因此入狱四年。出狱不久，他就死了。

这样的人，在他之前，不胜枚举；在他之后，至少还有海瑞。

所谓，“文死谏”。这是士大夫的光荣。

16世纪中叶的大明帝国，是全球最大的政治实体，人口数量、领土面积、财富规模都是最大的。帝国治理需要人才。

有一点海瑞和张居正应该是一致的：要做一个对国家有贡献的良臣。

只是，张居正觉得，“有非常之事，然后有非常之功”，而海瑞认为，“天下孰为重，德义为重”。

为了能让皇帝警醒，公元1565年，六品小官海瑞，提笔写下一本《治安疏》。

抱着必死的决心，他决定抬棺上书。

这是嘉靖皇帝看到的最尖刻、最辛辣的奏疏。每一句话，每一个字，都直刺他的心。

在这篇长达三千字的檄文中，海瑞历数皇帝的为政之失和为君之昏。

他说："盖天下之人不直陛下久矣。"意思是，全天下的人，认为你不对已经很久了。

从来没有一个人敢对自己说这样的话。嘉靖皇帝的震怒不言而喻，他不等看完，就大喊：抓住海瑞，不要让他跑了！

当听说海瑞在上奏前已经为自己买好棺材后，他重新打开了奏本，不由得发出一句长叹，说道：这个人大概算是比干吧，只是，我不是纣王。

嘉靖皇帝破天荒地没有惩罚海瑞，只是把奏疏留中不发。

但在几个月后，他还是气愤不过，下旨把海瑞关进了诏狱。

此时已升任内阁首辅的徐阶，欣赏海瑞的忠勇刚直，在他的暗中保护下，海瑞幸免于死。

身在狱中的海瑞，是平静的，甚至是欢喜的。

他不知道会面临怎样的结局，但他对自己坚信不疑。如果母亲在身边，应该也会为自己感到骄傲。

海瑞四岁时父亲去世，从此与母亲相依为命。那是一位贤良而严厉的母亲，在海瑞很小时，就用《孝经》《大学》《中庸》等儒家经典，言传身教，为他构建了一片一尘不染的道德天空。

海瑞没有辜负母亲的教诲。

半年多后，嘉靖皇帝驾崩。遵他遗诏，海瑞被释放复职。

虽然皇帝至死都对海瑞的上书不以为然，但他和当朝群臣都知道，海瑞在道义上无可指责，帝国也需要这样的人。

嘉靖皇帝去世后，30岁的朱载垕（一说朱载坖）即位，改年号为隆庆。

公元1567年，为隆庆元年。

因为曾担任过朱载垕的王府讲官，张居正正式进入内阁。

这是张居正重返翰林院的第十个年头。

十年里，明朝官场变化很大。

他的老师徐阶用韬光养晦的方式，在残酷的内阁争斗中保全了自己，当上了首辅。

而张居正也逐渐变成和老师一样的人，甚至青出于蓝而胜于蓝。

谋事不在一时一刻。他不像年轻时那么急躁了。

他清晰地看到，嘉靖皇帝在位四十五年，大明从兴盛滑向了迷乱，这个看似稳定成熟的国家，实则隐患重重。

他看到了政府管理效率的低下，看到了各级官员的涣散，看到了军备的废弛，也看到了底层百姓如何在愈演愈烈的土地兼并风潮中变为流民。

他决心改变这一切，但他也明白，此时仍需等待。

回归官场以来，张居正的思想也发生了转变。

明代立国后，朱元璋把道德作为治国之本，视忠孝与敬天同等重要。

这对后代臣子影响至深。海瑞便是祖宗之法的极力推崇者。

张居正曾经和海瑞一样，认为“道民之术”在于学术教化。但渐渐地他改变了这个观点。

他认为这个国家此时更加需要的，是制度建设。

身为儒家文化体系下成长起来的臣子，张居正和海瑞有着共同的精神内核，那就是“忠君”“爱民”。

只是，他们在以各自笃信的方式身体力行。

隆庆皇帝在位六年，他打破了父亲近三十年不上朝的传统，即位后立刻开始革弊施新。

前朝给他留下了能干的首辅和强大的内阁。

朝堂上的他常常一言不发，以至于有大臣以为皇帝是个哑巴。

但皇帝无为而治，实则推动了臣子的努力工作。隆庆一朝，大明帝国解决了最棘手的两大外患，东南倭患既除、沿海安静，与北方的蒙古族也展开了官方贸易，以开放的政策换来了边境的和平。

只是，好景不长，隆庆六年五月，朝会上的皇帝突然中风。

不祥之兆在朝野上下弥漫开来。

一天后，隆庆皇帝被宣布不治，十岁的太子朱翊钧即位，改年号为万历。

随着新皇帝登基，新一轮的权力之争暗流涌动。明朝的内阁，从来没有平静过。

此时的内阁首辅已经变成高拱。

他对新上任的司礼监掌印太监冯保绕过内阁、直接颁发皇帝手谕感到愤怒，

准备以篡改遗诏为罪名，除掉冯保。

张居正洞察着一切。

高拱的计划刚刚启动，没想到被冯保抢先一步。

他告诉太后、太妃，说先皇去世时，首辅高拱在内阁里嚷着：10岁的孩子，怎么做皇帝？

这让太后、太妃选择了与冯保站在一起。

一场臣子间的权力之争，演变成了“弱君”对“强臣”的一次反击。

公元1572年6月，太后、太妃联合冯保，以10岁的万历皇帝之名，革除了高拱的所有职位，限令他即日出京，返回原籍。

这天，张居正请了病假。

可能是真的病了，也可能是为了避嫌。

高拱是自己老师徐阶的政敌，自他进入内阁以来，已有多名内阁学士被迫离开。

身为徐阶的得意门生，张居正没有受到牵连，靠的全是自己的隐忍和左右逢源。

张居正未尝不知道冯保对高拱的构陷，但他乐观其成。

高拱失败了，首辅的位置再次空了出来。

随后不久，另一名内阁成员离世。大明帝国的内阁里，仅剩下张居正一人。

加上他曾担任少保兼太子太保，是万历皇帝的老师，由他接替高拱的职位，理所当然。

张居正走到了臣子生涯的最高点。他的首辅时代，终于开始了。

这一年，他48岁。

很长时间里，他看起来都像是一个没有态度的人。现在，他可以逐渐亮出自己的态度了。

从考中进士算起，已经过去了二十五年。

他从那个容易冲动、容易愤怒的年轻人，变成了一个内敛、谦抑、城府极深的老臣。

他见证了一轮又一轮的内阁竞争，看到了太多人前赴后继地在自己眼前倒下。

张居正决心要结束这一切。

方法很简单，那就是牢牢掌控住权力。

但这并非他的终极目的。

权力只是实现理想的工具。他要做的，是一个有力量能造福天下的臣子。

张居正认为，当世最严重的危机就是君主势衰，以至政局失控。

所以，他做的第一件事，就是整饬纪纲，加强君对臣的统属。

公元1573年，张居正向皇帝进献“考成法”，要求各级官员把工作任务登记在账簿上，逐月逐级考核后，汇总于内阁。由此，内阁掌握了国家机器运转的中枢，提高了行政效率和执行力，松懈懒怠的官僚体系被激发出了活力。

只是，万历皇帝年幼，对官员生杀予夺的大权，实际掌握在了张居正手中。

四年后，张居正决定启动在心中酝酿多年的制度改革。

他相信，拥有更多的权力，才能做更大的事情。

明朝内阁和负责行政的六部的关系，原本相对独立。从太祖朱元璋开始，六部一直由皇帝直接管理。但张居正担任首辅后，内阁即利用朝中的监察机制，控制了六部。

这是以往的内阁首辅都未能做到的。张居正越过了权力的边界。

正式改革之前，张居正还做了一件事：对散漫不羁的明朝士风进行整顿。

当时距离王阳明辞世不过数十年，他的“心学”思想正广为流传，朝中官员大部分都是“心学”门人。

张居正早期也深受影响，但渐渐地，他对空谈之风感到深恶痛绝。

他认为，要实现更深层次的变革，必须统一思想。

他想到了强调“天理”的程朱理学。

公元1577年9月，就在张居正即将实施新一轮的行动时，突然传来一个消息，他的父亲病逝。

按照儒家礼仪，张居正应当立刻回家乡守丧，二十七个月之后才能复职。

这让张居正陷入两难。放弃丁忧，必会招来骂名。

但是，只要他离开，即将展开的政改大计必将功亏一篑。

有一个两全其美的办法，那就是“夺情”，即由皇帝出面，剥夺大臣的孝亲之情，这样就可以名正言顺地留下来。

但这种情况极其少见。明朝此前曾明文规定，“内外大小官员丁忧者，不许保奏夺情起复”。

张居正最终没有走。

名义上，是年幼的皇帝以“夺情”的方式，驳回了他回家的请求。但在一些大臣看来，是大权独揽的张居正有意促成了这样的结果。

他们不相信张居正孝亲的诚意，进而怀疑“夺情”是否出自皇帝本心。

他们联名上疏，却遭到严厉的廷杖。

朝堂之外，对张居正的非议甚嚣尘上。

此刻，一份以海瑞之名弹劾张居正的奏章在南方广为流传。

这份奏章并非海瑞所写，但人们相信，打着他的名号会更有说服力，也更能引起共鸣。

在汹涌的民意面前，张居正依然视若无睹。

他对言论毫不介意。

他说：“有欲割取吾耳鼻，我亦欢喜施与，况诋毁而已乎？”

在父亲去世的第二年，公元1578年，张居正下令清丈全国土地。

三年后，他将已在局部地区实行的“一条鞭法”推行至全国。

在此之前，赋和役是分开的。赋，缴的是实物；役，征的是劳动力。

“一条鞭法”将其合二为一，统一改为征银。

张居正的改革不仅清理出了大量被富豪隐匿的田产，增加了国家税收，还简化了纳税方式，提高了行政效率，使农民和工商业者都可以专心从事生产与经营。

张居正全面政改之际，海瑞已经在家赋闲十一年了。

他的清廉和刚正未能给明朝官场树立榜样，但却形成了极大的震慑。出狱后，每到一处，就有地方官主动提出离职或请求将他调离。

而每一地的百姓都在期盼他，听说海瑞解职而去，往往呼号哭泣，痛惜挽留。

明帝国不得不屡次调整对他的任用。

最终，海瑞选择了辞官还乡。

海瑞对“心学”十分尊崇，他相信“心即理”，信奉精神的力量。他希望凭着一颗“本心”，改变社会，成就圣王政治。

后人在评价他的纯粹时，用了这样一句话：“尽忠如蝼蚁，尽孝似禽兽。”

一生都在竭力做一个清官的海瑞，在蹉跎中渐渐老去。

以治国兴邦为理想的能臣张居正，也迎来了人生的暮年。

他出任首辅后的十年，是明帝国蓬勃发展的十年，正在走下坡路的明朝出现了中兴气象。

政治上有“考成法”；经济上有“一条鞭法”；军事上，他重用名将戚继光；农业上，他任用河道专家潘季驯，治理黄河，成效显著。

一系列举措，让沉疴日重的明帝国焕发出新的生机。

这也是张居正人生的最后十年。

十年里，他主导的内阁几乎架空了皇权。

他是一个能臣，同时也成了一个权臣，皇帝和太后对他都言听计从。

若是“张先生”偶感腹疼，万历皇帝会亲手为他调制椒汤面。

他为少年皇帝制定了严格的成长计划，但他或许没有想到，小心翼翼的万历皇帝在这样的高压下，反而滋生了逆反之心。以至于万历一代，成为大明走向衰微的转折点。

张居正要处理的事情实在太多了，以至于积劳成疾。

公元1582年6月，张居正病逝。这一年，他58岁。

在去世前九天，万历皇帝加封他为太师。这是文官序列中至高无上的职位，明朝的两百年历史中从未有人在生前得到过这个荣誉。

张居正的去世，让很多人扼腕叹息，但也有很多人在私下弹冠相庆。

他病重时，半个中国都在为他祈福。随着他的离开，风向开始转变，揭发、攻讦张居正的奏书，雪片一般飞向万历皇帝的案前。

公元1584年4月，万历皇帝下诏查抄张居正家产，剥夺他生前获得的所有荣誉封号。

奉命查抄的官员，从张居正家中清点出不少财物。

这个凭一己之力将明王朝带入复兴的名臣，在死后被人们看到了他的另一面。

张居正被抄家的消息传来时，海瑞还在家乡清苦度日。

十几年了，他一直在等待。张居正曾派人去考察他，看到海瑞在简陋的屋舍里吃着粗粮，十分感动。但是，张居正始终没有起用他。

他们都希望这个国家变得更好，但该如何去建设，他们都只忠实于自己的理念。

海瑞从57岁，等到了72岁。

直到张居正死后，皇帝才想起还有这样一位忠心耿耿的臣子。

公元1585年正月，海瑞接到任命，出任南京都察院右佥都御史。

明朝施行两京制，北京、南京各有一套中央官职。待遇和地位相同，但南京的职位多为闲差。

尽管如此，重回官场的海瑞仍然全情投入。

他的热情对明朝官员来说，却无异刮起了一场旋风。上书弹劾他的奏章层出不穷。

海瑞感到朝廷并不真想用自己，只是需要一个楷模。他屡屡请辞，但每一次都未被批准。

上任的第二年，感到来日无多的海瑞，写下了人生最后一份奏疏。

他表示自己已经垂死，愿意效仿古人“尸谏”。

他说：陛下励精图治，国家却没有变好，主要是对官吏的刑罚太轻了。

他建议恢复洪武时期的祖制，以严刑峻法治理官吏。

这份沉重的奏疏背后，是海瑞对明朝官僚集团的极度失望。

以他的道德标准，明朝几乎没有一个合格的臣子。

一年后，公元1587年10月，已晋升南京都察院右都御史的海瑞，在任上去世，时年74岁。

人们在整理这位二品官员的遗物时，发现仅有俸金八两，旧衣数件。

最后大家不得不凑钱才办理完海瑞的丧事。

这位几乎得罪了明朝整个官场的臣子，却收获了无数民心。据记载，当他的灵柩从江上经过时，“白衣冠送者夹岸，酹而哭者百里不绝”。

海瑞就这样走完了充满遗憾、又自洽自足的一生。

张居正与海瑞的人生始终没有真正的交集，但作为同时代的名臣，他们的命

运似乎又是纠缠在一起的。

一个是理性而务实的改革派，一个是激进的理想主义者。

他们忠君和爱民的方式完全不同，但他们都坚定地走完了自己选择的为臣之道。

张居正离世比海瑞早五年，海瑞这位敢骂皇帝的清流、最负盛名的言官，却并未攻击过张居正。他对张居正的评价只有八个字："工于谋国，拙于谋身。"

这又何尝不是海瑞的人生呢？

在这样的臣子走远之后，大明帝国也只剩下了一襟晚照。

季风

陆

南京城薄雾氤氲。

这座六朝古都，也是明朝立国之初的都城，帝王将相和才子佳人的故事已经轮番上演了一千多年。

及至公元 1639 年，这里的水流街巷，正四处弥漫着墨香和书香。

书生陈子龙来过南京多次。但此行无关风月，是有一件特别的事要办。

他用六年时间，整理修订了老师徐光启的一部遗著。

南京是江南书坊的中心。

陈子龙前来筹备出版的这部著作，名为《农政全书》。

在明朝，图书出版的手续极为简单，书籍税和笔墨税也取消了，坊间刻书蔚然成风。

每一个普通人，都有了著书立说的机会。

市井商贾、乡野村夫，都成了书籍的消费者。

这些书，在民间创作，在民间刻印，在民间流传，如同风拂过原野，传播着四海八方的讯息。

那些带着鲜活气息的新知的涌动，几乎贯穿了大明王朝的整个历史。

4月的江南，春雨霏霏。

杭州曾是南宋的国都，繁盛一时。元朝时，这里依然是国家的贸易中心，意大利人马可·波罗惊叹它为“天城”，“世界上最美丽华贵之城”。

改朝换代的伤痛，在几度春风中，被时间一点点治愈。

公元1378年，明帝国统一中国后的第11个春天，新的希望正在孕育。

五年前，徐一夔被任命为杭州府教授。当时，教授是个低阶官职，从九品，一府学官之首。

明太祖朱元璋认为：“治国之要，教化为先，教化之道，学校为本。”

他着力建起一套由下而上的学校体系，国家层面称为国子学，后又被改称国子监，在地方则设有府、州、县三级学校。

这套教育体系直接与科举制度连接，教学的内容主要是儒家经典。

徐一夔的家乡在台州府天台县，他自幼跟随父亲读书，成年后在嘉兴、杭州一带游学。

因为身体不好，特别是患有脚疾，这次来到杭州后，就很少离开了。

这一年，徐一夔接到一个任务，编修杭州府志。

为了写好这本书，他决定走出书斋，认真看看这座城市。

徐一夔知道，透过杭州城的景象，可以窥见国家发展的一个侧影。

出身寒微但强势专制的开国皇帝有自己的治国理念。

朱元璋说过：“百姓足而后国富，百姓逸而后国安，未有民困穷而国独富

安者。”

他全力恢复农业生产，并要求农田中要有相当的比例用来种植棉花等经济作物。

于是，全国棉花的产量大幅增长，这直接促进了纺织技术的进步，特别是手工业基础比较好的松江、杭州、苏州一带。

杭州逐渐成为一个纺织工业中心。

距离徐一夔家不远就有一间作坊，纺织机的声响时常引起他的兴趣。

明朝以前，平民所穿布衣的“布”多是麻布，棉布直到宋末，还是很珍贵的物品。

现在，棉布的逐渐普及，不仅增加了帝国的税收，也让作坊主拥有了更多财富。

朱元璋并不喜欢商人，他在《资世通训》中曾这样写道："经商之人，唯利是图，贪婪诈取者居多，公平交易者甚少。"

但毕竟商人也是庶民，是庶民就应该受到应有的保护。

秩序要不断完善，国家要形成规范而高效的运行体系，最终官员廉洁勤政，百姓安居乐业。

这是帝王高高在上的理想。

而真实的社会生活是什么样的呢？徐一夔决定自己直接去观察，去体验。

身为一个行走在民间的低级官员，书写是格外郑重的事。

徐一夔全身心地投入写作中。

资料的搜集和考证是辛苦的，编撰志书是严谨而枯燥的。

他用了八个月时间，勤奋不辍，最终完成了长达60卷的《洪武杭州府志》。

但这份洪武年间的官方文献，遗憾地失传了。后人广为知晓的，是徐一夔在同一时期撰写的一部私人书稿——《始丰稿》。

那是他将自己的297篇文章以及7首诗汇编而成的一套书。始丰，是他家乡天台县的旧名。

这些文字，是他本人的所见所闻、所思所想。

其中有一篇名叫《织工对》的文章，最为著名。

那是一份采访笔记。

那个时候，我租的房子在杭州钱塘相安里。

这里的有钱人会雇佣工人们织布。每天深夜，就会听到一个人领唱，其

他人也都跟着唱，歌声很欢快，唱歌的人都是织工。

我常常会想：他们很快乐啊！

白天，当我路过他们织布的工场时，可以看到老房子里坐满了工人，四五具织布用的杼机,南北方向摆着，十多个工人手脚并用地在杼机上织布。看得出他们很专注，脸上没什么多余的表情。

我走进去，问其中一个：我看你们工作很辛苦，做这些辛苦的工作又有什么乐趣呢?

这个工人对我说：

我的工作虽然辛苦卑贱，但是我在这做一天工就可以拿到佣金二百缗，工场主管我吃穿用度，那我每天挣的钱就可以用来养家。这点钱虽然不够丰衣足食，但也不会饿肚子。

我们一直都这样过的，也没想过别的，只知道认真做出好看的织品，大家也都喜欢。雇主把我们喊到一起干活，给我们差不多的佣金，我们就是雇佣关系，各取所需。

下班后，我们一起放松一下，唱唱歌，似乎疲劳都少了很多……

徐一夔的这次采访，有人说记录的是丝织业发展，也有人说是对刚兴起的棉织业的实录，还有人说，它透露出了资本主义的萌芽。

有一点是肯定的，当有新风吹来时，知识分子的视线，不再只停留于庙堂之高，也开始触达江湖之远。

徐一夔为杭州，也为商业社会，保存了一份独特的样本，它充满细节，琐碎而生动。一本书，让后人得以真切感受到一段活生生的历史。

之后他再没有离开过杭州，继续教书传道，授业解惑。

他希望学生们一生都能把道德作为行事的标准，而不仅仅是科举、做官、玩弄权术，那些，不是读书人应有的大志。

徐一夔对学生的殷殷期待，或许和明朝越来越死板的科举制度有关。

和前朝不同，明朝将科考范围限定在四书五经，文体规定为八股文，所述观点必须遵循朱熹的《四书集注》，不能有自己的见解。许多读书人为求功名而逐渐放弃思考，脱离实际。

但在远离权力体系的另一端，如同徐一夔一样，行走在市井坊间、体察着世事变迁的人，却一直没有放弃过个体的书写和表达。

他们的文字和思想，借由书籍流转传承，丰富了大明王朝多元并存的文化图谱。

徐一夔晚年的情况没有明确记载，有传说，他因为呈给皇上贺表中的一个字有歧义，被朱元璋杀了。但人们更愿意相信，徐一夔就是这样，在江南温暖滋润的似水流年里，往来于教室与街市之间，日复一日，渐渐老去。

而这世界的每一天，万物都在更新。

总有人会第一个感知季风和潮汐传递的讯息。

15世纪到来的时候，有人开始创造新的历史。

公元1413年，距离明帝国大陆一千多公里外的南方海面上，一支浩浩荡荡的船队正在平稳地向前航行。

冬去春来，他们离开陆地已经数月。

这是长期生活在内陆的人们从未抵达过的远方。壮阔、瑰丽、多变的海洋，让人惊叹，并深深地敬畏。

他们中有很多人都是第一次出海。

这个年轻人叫马欢。因为通晓阿拉伯语，他被招募为翻译。

明帝国的庞大舰队由四十艘宝船组成，率队的是朝廷内官监太监郑和。

这是他的第四次远洋航行。之前三次中，他带领船队一路南下，足迹遍及今天的越南、泰国、文莱、柬埔寨、印度尼西亚、印度、斯里兰卡等地。

这些地方，在当时被统称为“西洋”。

这一次，他们决定走得更远。

有传闻称，这支舰队被明成祖朱棣赋予了秘密使命，前往海外寻找被朱棣夺位的建文皇帝。

但这只是传闻。

可以确定的是，舰队完成了宣扬明朝国威的使命，加深了与西洋各国间的了解。

明帝国的造船术和航海知识都领先于世界，足以支撑远距离、长时间的航行。

郑和的船队载满了中国的瓷器、丝绸、茶叶等物资，以换取西洋盛产的香料、染料、珠宝等产品。

翻译官马欢产生了一个念头。他觉得有必要记述下这次“千载之奇遇”。

虽然他只是“一介微氓”，但是，他的背后却是威名赫赫的大明王朝。

这是郑和下西洋中航程最远的一次。他们绕过阿拉伯半岛，把航线一直延伸到了非洲海岸。

此后，马欢又跟随郑和第六次和第七次“下西洋”。

如此前无古人的壮举，在明朝的官方档案中却几乎没有记载留下来，郑和本人也没有著述。

幸而有马欢用心记下的点滴，才让中国人在这个海洋世纪的开篇所写下的浓重一笔，没有被淹没在历史的汪洋中。

马欢将沿途见闻和感受草创成书，记述了二十多个国家和地区的政治、人文、物产、风俗等情状，取名《瀛涯胜览》，并用了三十多年时间修改定稿。

“瀛”指大海。马欢想要把这些奇妙的经历讲述给那些没有见过海外世界的人听。

很多年以后，年迈的马欢还会时常忆起下西洋的经历。

“高山巨浪岂曾观，异宝奇珍今始见。俯仰堪舆无有垠，际天极地皆王臣。”

用明朝白话写成的《瀛涯胜览》，浅白易读，背后却是一个新时代的惊涛骇浪。

1405年起，郑和奉朝廷之命先后组织了七次远航，平均每次航时约为一年半。

他们巧妙地利用海洋季风的规律，冬季出行，夏季返航，抵达了非洲东海岸以及红海沿岸，甚至更远。

郑和下西洋的船队规模之大、人数之多、航行范围之广，在全世界前所未有。他们所经过的海域，直到很多年后才有了西方航海家的身影。

郑和下西洋，比迪亚士发现好望角早八十三年，比达·伽马发现新航线早九十三年，比麦哲伦到达菲律宾早一百十六年。

这是全球大航海时代的序幕，也是明帝国向外部世界发起的一次勇敢探寻。

1433年4月，郑和在第七次航行途中去世，明朝的大规模航海活动戛然而止。但海洋，已经成为中国与世界深刻连接的纽带。

那些曾经发生过的伟大的事迹，被一个小人物记了下来。

世界正在变化。

马欢记忆中永不磨灭的鲸波浩渺，在此后一个多世纪里发展成为繁忙的新航线。在海上丝路的那一头，众多西方传教士即将启程。

意大利人利玛窦是一名虔诚的天主教徒，也是一位涉猎广泛、知识渊博的学者。

受耶稣会委派，他来到中国传教。他先到达澳门，之后到了广东肇庆。

肇庆知府王泮被利玛窦的学问打动，他印刷了利玛窦绘制的世界地图送给高官朋友，但对于传教，却始终心存芥蒂。

利玛窦来中国七年了，这是他在肇庆的最后一天。

因为种种原因，他必须离开。一切都要重新开始。

刚好就在这一天，广东南雄府有人前来拜访。

他叫瞿太素。

利玛窦后来在回忆录里这样描述瞿太素：

他是一个高官的儿子，受过良好教育。

他是天才，但他放弃了学习，变成一个败家子。

瞿太素是来请教炼金术的。见到身着僧袍的洋人时，他毫不掩饰地笑起来。

这是利玛窦为自己设计的行头，他以为，中国人既然可以接受佛陀，那也应该可以接受同样来自西方的上帝。

显然这是个失败的创意。

瞿太素给出了一个方法。

正是这个方法，让利玛窦敲开了东方的大门。

瞿太素告诉他，士大夫在中国社会拥有巨大的影响力，想在中国立足，就要得到他们的认可。为此，首先要了解儒学。

利玛窦听明白了。

他不仅在外形上僧袍换儒服，甚至修改了教规，默认中国人对祖先的崇拜，更以《圣经》附会四书五经。

利玛窦研读儒家经典，熟悉到倒背如流的程度；同时遍访名士，向他们求教。他对儒学的认知令士大夫们惊讶，尊称他为“西儒利氏”。

加之他还具备对方不懂的天文、西医、算术知识，很快就有了一批拥趸。

利玛窦逐渐把佛教视为自己的竞争对手，“合儒斥佛”成为他在中国的传教战略。

他还不能透彻理解的是，中国人早已不把佛教视为外来宗教，儒释道融合已经是被社会普遍接受的价值观。

所以，士大夫们对利玛窦和佛教高僧的辩论并不赞同。这大大出乎利玛窦的意料。

他意识到，自己和这个国家最深层的文化，还隔着一道屏障。

在此期间，有很多中国学者都慕名前来拜访。其中一个支持他观点的上海籍学者徐光启，给他留下了印象。

不过，这次见面的意义要到很多年之后才会逐渐显现。

公元1595年，利玛窦撰写了第一本中文著作《交友论》，他把西方思想家交友的格言和十个小故事译成中文，加以点评，结集成册。

没有想到，《交友论》竟在士大夫中备受青睐，为利玛窦赢得了来到中国之后最大的信任和赞赏。

《交友论》的成功让他觉察到，中国人的世界观是完整而且自成体系的，外

来思想只有经过本土化，才能融入中国。把西方的学术著作翻译成汉语，用“中国化”的书籍去影响更多的人，或许是一条路径。

他曾经用一幅地图打动了王泮。

现在他用一本书打动了士大夫。

他相信，一定也能找到一个打动中国皇帝的方法。

几经波折，利玛窦在公元1601年再次踏上进京之旅。

他已经有了策略，但还需要一些帮助。

他想到了那个睿智而热情的人，徐光启。

徐光启，松江府上海县人，43岁中进士，被选拔为庶吉士。

他出生时家道已中落，但这并不影响他埋头苦读圣贤书。于那时的文人而言，科举和功名似乎是毋庸置疑的唯一选择。但这条路，徐光启走得很艰难。

几年前，38岁仍屡试不中的徐光启游学南京，在朋友家里，他见到了那幅著名的地图——《山海舆地图》。

一个满心都是“天圆地方”理念的人，第一次看到类似今天所见的世界地图，内心的震撼无以言表。

陆地与大海竟然同在一个球形上，世界之大竟然如此无边无际。

徐光启的世界观在那一刻被改写了。

不久之后，他在京城见到了地图的绘制者，利玛窦。

考虑到中国人一向将自己的国家视为天下之中，聪明的利玛窦把中国放在了世界地图上靠近中央的位置。

他懂得入乡随俗。

太多前所未闻的信息涌到徐光启的面前。

利玛窦带来的自然科学知识，如同汹涌的浪潮，冲击着他的好奇心和求知欲。

徐光启得知，利玛窦来北京这三年并不顺利。

他想尽快呈上有趣的礼物觐见皇帝，但他几乎没有能力突破宦官构成的封锁线。

两百多年时间，让大明王朝的上层建筑越来越僵化。

与此同时，明帝国的市民社会却自成一派图景。

明朝中叶以后，商人和商帮十分活跃，商品经济繁荣。科举制度的严苛，也让很多长期失落的读书人改变了志向和目标。

他们开始在世俗社会里，追求个人价值的实现。

1604年和利玛窦的再次相见，让徐光启找到了新的人生意义，那是属于他自己的人生。

两人的交流范围很广，从上帝到天文、地理、历法，乃至军事火器，无所不谈。

话题渐渐集中到了数学。

早在公元1世纪前后，中国就有了数学专著《九章算法》，其中勾股定理、方程式等算法，代表了当时世界上最先进的数学能力。

但是，在儒家文化中，这只是“技”，不是“道”。

而在欧洲学者眼中，数学所代表的内在逻辑是哲学的思辨，是一切学科的基础。

徐光启和利玛窦决定联合翻译欧几里得的一本数学著作，他们将这本书命名《几何原本》。

如同一切思想著作的翻译，这一次，他们一起创造了很多沿用至今的中文词汇：几何、点、线、平面、四边形、多边形、平行线、对角线、直角、钝角，等等。

翻译工作进行到一年后，徐光启突然收到父亲去世的噩耗。按照礼制，他必须回家乡守孝三年。

15卷的《几何原本》，才刚刚译完6卷。

在上海丁忧期间，徐光启意外接触到了一种新传入中国的农作物——甘薯，就是我们今天所说的红薯、白薯或者叫地瓜。

它原产于美洲大陆，产量巨大，可以果腹。

徐光启觉得，如果这种农作物能在长江流域种植成功，那么就能解决水患之年粮食不足的问题。

他请福建莆田的商人前后三次从千里外引种上海，最终取得了成功。

为了在更多区域推广，他把种植心得写成了《甘薯疏》。

书生徐光启相信，写一本让更多人能吃饱肚子的书，比起不切实际的理学空谈，比起写一篇八股文章，要有价值得多。

三年后，就在徐光启准备回京继续翻译之际，忽然得到消息，利玛窦病逝了。

利玛窦可能是最早把“中国”这个名词介绍到欧洲的人，机缘巧合，他也成为第一个把西方的现代科技推广到中国的人。

他有个愿望，死后可以葬在北京。

有人上书朝廷，恳请实现这个已成为儒学学者的外国人的遗愿。

内阁首辅说：不论其他，仅翻译《几何原本》一书，就应该赐他一块墓地。于是，皇帝批准了这一特殊请求。

1610年10月，在利玛窦去世五个月后，他如愿被安葬在北京阜成门外的二里沟。

那一天，文武百官都来参加了葬礼。这是他生前求而未得的殊荣。

利玛窦的墓前，立有一架他亲自监制的中国古代计时器——石晷，底座上刻了一段铭文：

“美日寸影，勿尔空过，所见万品，与时并流。”

徐光启听闻此讯，感慨万千。

物换星移，亘古如此，变化每时每刻都在发生。

距离郑和船队远航两百年后，世界正在发生更加激烈的变动，徐光启已经看到了。

他先于这个时代，走过了激荡起伏的精神之旅。

43岁考取进士之前，徐光启是一个正统儒学培育下的文人，倾心科举，立志“学圣学贤”。

他经历了万历、泰昌、天启、崇祯四朝，最终位极人臣。但他毕生的心血和智慧，却都倾注在了朝堂之外。

与利玛窦的相遇，打开了徐光启放眼天下的视野。

他想用《几何原本》，来填补逻辑思维的不足，用科学与理性对抗迷茫。

他认为“实学”是晚明的希望所在，而一切的根本在于“农”。

他将中国历代的农学智慧、明朝先进的生产经验以及西方科技融为一体，编撰了《农政全书》，还翻译了中国第一部介绍欧洲农田水利技术的专业著作《泰西水法》。

通过引进西方的知识和技术，徐光启开启了明末“西学东渐”的序幕。

他主编了被称为“欧洲古典天文学百科全书”的《崇祯历书》。

他让中国人认识到，地球是圆的，中国并非世界的中心，也不是一家独大。在“天朝上国”之外，还有一个更加广袤、璀璨的星空。

过往的中国历史，沉淀在这无数的典籍之中，一代代人的智慧就这样传承下来。

但每一代人，都会有自己的思考和书写。

徐光启的门生陈子龙带着60卷的《农政全书》来到南京刻印之际，明朝人享受出版业的繁荣和开放已有多时。

一批足以比肩世界的专业著述先后问世。

李时珍的《本草纲目》，不仅是一部划时代的药物学宝典，还是一部具有世界影响力的博物学巨著。

宋应星的《天工开物》，是世界上第一部关于农业和手工业生产的综合性著作，被誉为“17世纪的工艺百科全书”。

吴有性的《瘟疫论》开创了中国传染病研究的先河。

潘季驯的《河防一览》标志着中国16世纪河道治理的最高水平。

屠本畯的《闽中海错疏》是中国现存最早的水产动物志。

借助商业化的出版方式，那一时期最为杰出的成就得以保存和传播，也让明帝国在世界科技史上留下了浓墨重彩的印迹。

承继宋代刻书业的明代书坊，经由市场，将出版发展成了一个庞大的知识产业。

晚明时节，无论是图书的品类、数量，还是印刷的品质，都创造了历史的高峰。

各种文本的出现，突破了宋代以来只以道德伦理和政事为学问的藩篱。

读书人不再满足于阅读少数经典，转而寻求广览博采。

万千百姓通过廉价的蒙学读物、日用指南，获取基本的阅读能力和生活常识。

寒门子弟通过浅显的经典注释取得进身之阶。

商贾旅人通过通俗小说、休闲小品打发寂寞的旅途时光。

田间地头的农夫，也可以看着插画，理解和学习实用技术。

中国历史上，还从未有过一个时期，有这么多阶层的人，可以看到这么多种类的书。

那是晚明阴郁的天空里最后的霞光。

人人都可以立言，使普通人的价值得以被发现和高扬；

文化的共享，让独擅学术的贵族门第再无产生的可能；

价值尺度的转换和自我的觉醒，引发了人生态度和社会观念的变易。

明朝，几乎站在了近代化社会的入口。

又是一年季风来临。

亚洲大陆上农耕文明的形成，有赖于季风的周而复始。

风如约而来，土地就会如期孕育生命。

明帝国也如此这般，持续运行着。

这是个非常特殊的朝代。

中国的文化传统在坚守中绵延不绝。与此同时，中国人也在一点点打开面向世界的窗口。

历史会留下每一个人的价值。

在众多立言者中，有一个人显得尤为特别。

他的书，既是系统考察地貌地质的地理名著，又是描绘风景资源的鸿篇巨制。

1608年，22岁的徐霞客戴上老母亲亲手缝制的远游冠，离开家乡，开始他渴望的旅行。

读万卷书，行万里路，是中国文人的传统。

但徐霞客有所不同。

从地质地理的视角，考察自己所在的国度，他是第一人。

他行走在山川大地上，步履不停。看日出日落，听微风掠过，风霜雨雪都是他的背景。

在某个万籁俱寂的美丽夜色中，他发出了这样一声感叹：

“此一宵胜人生千百宵。”

五十六年光阴浓缩在他的游记里，成为一部中国版的大地之书。

公元1641年，临终前的徐霞客说：

“我只是一介布衣，拿着竹杖，穿着草鞋，凭一己之力游历天下。虽死，无憾。”

那个为许多普通人探索和记录下的时代，如同一阵季风，忽然来了，很快又去了。

大明帝国就这样走到了它的尾声。

下一次季风的到来，还要再等很多年。

柒

大帝

这是一场筹谋已久的战斗。
宫门外，太平无事，岁月静好。宫门内，对决惊心动魄。
一群身负秘密皇命的摔跤少年，没有给对手任何反应时间。

16 岁的玄烨冷冷地注视着一切。
他要亲眼看到那个在心中已经预演了无数次的结果。

为了找回一个皇帝的尊严，少年天子几乎押上了自己全部的未来。
他当然知道失败意味着什么。所以，这一战必须要赢。

摔跤手们死死压在身下的，是被称为“满洲第一勇士”的鳌拜。
作为玄烨 8 岁登基时的四大辅臣之一，鳌拜几乎从未将这个小皇帝放在眼里。
公元 1669 年，累积的矛盾终于演变成激烈的冲突。

这个内心不安但决意冒险的年轻人，如自己所愿，出奇制胜。
权力之路上的第一道障碍被清除了。但玄烨明白，这仅仅是个开始，未来还有很长的路要走，每一步，都不容闪失。
他极力遏制住心中的激荡。
因为，他想成为一个真正的帝王。

公元1667年，康熙六年，14岁的玄烨举行了亲政仪式。不过，他心里很清楚，权力并不稳固。

危险就在身边。

那些和自己同出一脉的族人，越来越难以控制。他们已经成为这个国家诸多问题的重要根源。

这是清军入关后的第二十三年。作为一个崛起于东北的少数民族政权，清朝原本的族号为女真，后改为满。

为了维护本族的地位和利益，入主中原后，朝廷陆续向汉人推行剃发、投充、圈地等高压政策，社会矛盾陡然加剧。

亲政后的玄烨，即刻着手一件重要的事。事关他的父亲顺治皇帝。

父亲也是幼年登基，皇权几乎一直都被满洲贵族把持。

他试图改革官制，借鉴明朝制度，缓和民族矛盾，却受到极力阻挠。

顺治皇帝只活到了24岁，去世后，朝廷以他的名义，发布了14条“罪己诏”，其中就有一条是“委任汉官”，“以致满臣无心任事”，“有才莫展”。

登基以来，玄烨清晰地感受到，曾经笼罩着父亲的阴云，同样笼罩着自己。

他绝不能像父亲那样郁郁走完一生。

半年后，顺治皇帝陵前树起了一尊巨大的《孝陵神功圣德碑》。玄烨御制的碑文里，盛赞父亲崇儒重道，视满汉如一体。

这不仅仅是为父亲翻案。

这是他作为刚刚获得实际统治权的大清皇帝，发出的执政宣言。

但这只是试探性的第一步。玄烨需要为自己找到更有力的支点。

这个少年一直是缺乏安全感的。

两岁时他就被送到宫外生活，以躲避家族的敌人——天花。

他的父亲，以及13位兄弟姐妹中的9个，都死于此症。

玄烨能活下来，实属偶然。能成为皇帝，也是偶然。

他的母亲只是一名庶妃，所以他并非皇位的最佳人选。

但恰好是罹患天花而幸存的经历，增加了他成为继承人的筹码。

命运的不确定感，给予了他一种本能：必须牢牢地抓住每一次机会。

父亲和母亲都早早离世，抚养自己长大的太后日渐衰老。玄烨知道，在做皇帝这条路上，他最大的依靠，只有自己。

他要尽快拿回属于自己的权力。

顺治皇帝去世时，从满洲亲信中挑选了四位辅政大臣。此时，首席辅臣索尼已经去世，剩下的三人里，鳌拜独断朝纲。

就在玄烨亲政一个多月后，鳌拜不顾皇帝反对，擅自罗织罪名，将自己的政敌、另一位辅政大臣苏克萨哈处以绞刑，并诛其全族。

面对鳌拜的恣意妄为，年少气盛的玄烨忍无可忍。

但他忍住了。

接下来的时间里，皇帝表现出若无其事的样子。

他有自己的计划。

他不怕冒险，但要一步一步来。

也就在亲政的第一年，玄烨见到了一个比他小3岁的少年，孔子的第67代孙孔毓圻。

孔毓圻刚刚承袭了家族的“衍圣公”爵位，赴京谢恩。

一位是当朝天子，一位是被尊为“万世师”的孔子的后人。他们一见如故。

玄烨自幼饱读儒学经典。如今，他在这个孔氏子孙身上，再次感受到那股积淀了两千余年的、无形而强大的力量。

他相信，这是能帮助他的力量。

一年多之后，公元1669年4月，玄烨再一次将孔毓圻召到身边。

为了一项即将举行的重要仪式，他酝酿已久，并采纳汉官建议，在宫中斋戒，以示郑重。

自汉武帝“罢黜百家，表章六经”以来，历代王朝不断追谥孔子名号，以强调儒家思想的正统地位，并巩固皇权。相应的，孔氏后人也被屡屡加封。

“衍圣公”这一封号始于北宋，之后由孔子的嫡长子孙世代相袭。

爵位在封赐之初，就被明确了职责——“专主奉祀睦族”。简单说，就是陪祀。

玄烨正在准备的大典，便是祭孔。孔毓圻正是为此而来。

玄烨深知，儒家学说提供了政权合法性的基本理论。

从态度到行动，他都要以超越前代的方式，表达对儒家文化的认同，乃至尊崇，并将其作为牢牢握在手中的工具。

公元1669年4月15日，斋戒完毕的玄烨身着礼服，率文武百官，在清朝的最高学府国子监，举行了盛大的祭孔仪式。

这是玄烨人生中第一次祭拜孔子。

他重新拾起了父亲顺治皇帝开创的在国子监祭孔的传统。

祭礼完毕，他还让国子监祭酒分别讲解易经、书经，并告诫群臣：圣人之道如日中天，一定要铭记在心，这些是可以用来治理国家的，须认真学习。

玄烨的用意十分明显，他要向世人宣告自己的价值信仰，并成为道统的继承者。

他要将程朱理学作为国家的主导思想，而他本人，将以成为一个圣君作为终生追求。

之后，他要做的事一件件开始了。首先是要挟制那些恃功骄纵、飞扬跋扈的满人，包括那个不可一世的鳌拜。

是的，皇帝从未忘记过，要将天子的权力夺回来。

行动就在祭孔盛典结束后一个月展开。

玄烨没有告诉任何一位大臣，他不动声色地布置好了一切。

他知道此举并非万无一失，因此格外谨慎。

在将鳌拜的党羽以各种名义调出京城后，玄烨召鳌拜进宫，趁其不备，果断拿下。

鳌拜被历数欺君擅权、结党乱政等30条罪状。但感念他的战功，玄烨并没有将其处死，对于牵连之人，也大都从轻发落。

这是一桩涉及权力更迭的大案，人事关系十分复杂，但玄烨前后仅用了十天，就全部处理完毕。

他的高效和对分寸的把握，避免了一场潜在的朝局动荡，也赢得了人心。

没有人再敢小看这位16岁的皇帝，他有勇有谋，还有远远超出那个年龄的冷静、沉着和老练，那是掌控江山最重要的品质。

现在，他是一个大权在握的皇帝了。

同样也是在这一年，玄烨还处理了一桩大事。

明末传教士汤若望因向顺治皇帝进献西洋历法而受到重用。顺治去世后，有人上书称：宁可让中国没有好的历法，也不能用西洋历法。

统领国政的鳌拜借题发挥，将汤若望和另一名传教士南怀仁投入大牢，打算凌迟处死。

后在孝庄太后的干预下，两人才被释放。

玄烨对两位传教士并不陌生。

汤若望在出狱后不久去世，心有不甘的南怀仁上书申辩。

此时，被重新启用了几年的旧历，误差越来越大，以至于一年之内出现了两次春分和两次秋分。

南怀仁的上诉引起了玄烨的重视。

公元1669年1月，他让南怀仁和掌管钦天监的汉官在观象台现场比试，一起测验立春、雨水两个节令，以及月球、火星、木星运行的度次。

结果显示，南怀仁的答案更加准确。

一场历时数年的历法之争，就此画上句号。玄烨做出决定，为汤若望平反，从第二年开始恢复使用西洋历法。

历法在中国古代中占有重要地位："古者帝王之治天下，以律历为先。儒者

之通天人，至律历而止。”

玄烨把钦天监这个重要机构交给了外国人南怀仁。

也是从这个时候起，南怀仁成了皇帝的西洋老师。

敏而好学的玄烨，从这些新奇的西洋器械和科技知识中，看到了来自世界那一端的另一种力量。

他想要拥有这种此前的帝王们都不曾拥有的力量。

对玄烨来说，完成了几件大事的公元1669年，仿佛才是他皇帝生涯的真正开始。

他的治国思想、远大抱负，以及性格和兴趣，在这一年全面绽放。

他有自信能治理出一片锦绣江山。

为此，他决意直面困扰国家根本的满汉矛盾。

排在首位的，是屡禁不止的“圈地”现象。

清朝初年，为保障满洲贵族的政治经济特权，朝廷曾三次颁发圈地令。名义上，所圈土地是京畿地区的无主荒田，但在执行过程中，很多有主的土地也被圈占。

满人不事农耕，便以“为贫民衣食开生路”为名，招揽失地汉民“投充”到自己门下成为农奴。为防止这些人逃跑，朝廷还制定了严酷的“逃人法”。

缉拿鳌拜后，玄烨迅疾下令：废除圈地之法，让满洲贵族将所占的农田全部退还给百姓。

与此同时，玄烨开始大幅提升汉官地位。

清朝迁都北京后，沿袭了明代的内阁及六部等政治制度，名义上推行满汉一体，一些重要的官职虽是满、汉各一人，实权却为满人掌控。同一官职，满人的品级也要高于汉人。

为此，玄烨要求将满汉官员的品级拉平，表示用人不分满汉，只问贤能。

平衡满汉势力的过程，也是树立皇帝权威的过程。

玄烨对权力制衡之术驾轻就熟。看上去，他像是个老成持重的帝王了。

很多人终其一生都不会意识到自己的人生使命，有的人却很早就发现并致力于实现它，这会让人内心满足、精神丰盈。

不过，此时的清王朝和它的天子一样，还很年轻，一切并不稳定。

清朝地方机构承袭明制，又有所发展，内地分为18个省，每省设一巡抚，二至三省设一总督。

与全国统一建制不同的是，南方还

有三个由明末降将演变而成的藩王。他们在清王朝统一国家的过程中发挥过重要作用，但拥兵自重，逐渐成为中央集权最大的威胁。

没有人知道，这个潜在的危险何时会浮出水面。

玄烨决心先发制人。

这是一步险棋。

公元1673年9月，清除鳌拜四年后，玄烨下令撤藩。

三个藩王中，驻扎在云南的平西王吴三桂势力最大。

明末战争时，吴三桂曾“冲冠一怒为红颜”，引清兵入关。如今，接到削藩令后，他表面恭顺，却在三个月后突然起兵。

不久，福建的靖南王耿精忠、广东的平南王尚可喜之子尚之信相继反叛。

一时间，烽烟四起，一些地方也加入了叛乱的洪流。

不到一年，已有八省陷落。

这是清朝建国后遭遇的最严重的一次危机，几乎丢掉了半壁江山。

对年方二十的玄烨来说，这是他始料未及的后果。

更让他担心的是，此时距离南明灭亡不过十二年，很多南方人心里，对清朝并不认同。已经有人开始蓄发易服，支持叛军。

就在吴三桂反叛不久，京城内有人自称是民间传说中的明朝皇室遗孤“朱三太子”，密谋放火起事。事败后仓皇出逃。

尽管其同党供出此人名叫杨起隆，并非真的朱三太子，但在京城掀起了不小的波澜。

与其说“朱三太子”是一个人，不如说他更像是一个令人不安的符号。甚至连吴三桂也在《讨清檄文》中打出了“朱三太子”的旗号。

这个看不见的敌人，成了玄烨的民心版图中，亟待收复的一块失地。

坏消息还没有结束。

这年五月，皇后赫舍里氏死于难产。赫舍里氏11岁嫁给玄烨，两人青梅竹马，情深意笃。

玄烨悲痛难抑，他把皇后的棺椁放在自己的寝宫乾清宫内，亲自守灵。这在清朝历史上绝无仅有。

这可能是玄烨一生中最逾越礼制的一次行为。

寝宫里孤独、清冷，却也是他最安全、最私密的处所。或许，他就是用这样的方式，安静地度过了一个皇帝的至暗时刻。

面对朝堂，玄烨依旧表现得异常笃定。

他削藩的决心没有丝毫动摇。

他也没有给自己留任何退路。因为，他从来都没有退路。

玄烨相信自己在做一件对的事，并且用了对的方法。

战事危急，他依然坚持“经筵日讲”，带领群臣学习儒家经典。他要稳定人心，让汉臣们更坚定地站在他的一边。

翰林院编修李光地便是其中之一。

他回福建老家省亲时，突遇靖南王耿精忠谋反。耿精忠多次派人相邀，都遭他断然拒绝。为避祸，李光地带着双亲躲进了山谷。

但他心里仍牵挂着朝廷的安危。

得知自己的同年进士陈梦雷被耿精忠强行留在府中，李光地便和他秘密联手，搜集军事情报，然后封进蜡丸，派人送往京城。

三位藩王在起兵叛乱后，都曾以“恢复明朝”之名招揽士大夫阶层，但效果并不明显。

反倒是玄烨，收获了更多支持者。

他设立南书房，作为备皇帝顾问儒学和文学的内廷机构，清一色的汉人当值。

他还开创了“博学鸿儒科”，那些心向明室、拒绝为清朝服务的读书人也可被举荐征召，通过廷试后，很多人进了翰林院，并参与纂修《明史》。

没有什么比这更能表达他的意图了。

玄烨要展示的不仅是胸襟气度。修明史意味着，他代表的是这个承继了历史正统的国家，而不是某一个民族的政权。

国家权力不能分裂。因此，再难，他也要坚决撤藩。

这是玄烨第一次指挥军事战争。在剿抚并举的攻势下，耿精忠、尚之信降

清。吴三桂病死，其孙吴世璠继位。

公元1681年9月，清军攻占云南，吴世璠自尽，历时八年的平叛宣告结束。

玄烨赢了。

这一年，他28岁，是一个久经历练的成熟的皇帝了。

他当然不会只满足于合格、称职。

他熟悉历史，更懂得政治，深知历朝历代，皇权的稳定都有赖于一个至关重要的制度基础。

那就是国家的大一统。

台湾，在明朝末年被荷兰人占据。顺治十八年，南明将领郑成功收复并占据了台湾。

郑成功去世后，他的继任者盘踞台湾集聚势力，形成一股不稳定的因素。

多次招抚无效后，玄烨决定付诸武力。

有大臣谏言反对，说："海洋险远，风涛莫测，长驱致胜，计难万全。"

但玄烨的坚决一如既往。

就在平定三藩这一年，已升任内阁学士的李光地，向皇帝推荐了一个人。

他叫施琅，曾是郑成功的手下，富有谋略、善于海战，并与郑氏家族有杀父之仇。

玄烨已有了决断。

公元1683年，施琅正式率兵进攻台湾，郑成功之孙郑克塽投降。

随后，玄烨下令开放海禁，并在闽、粤、江、浙四地设立海关，主管对外贸易及征收关税等事务。

闻听收复台湾的喜讯时，而立之年的皇帝写下了一句诗：海隅久念苍生困，耕凿从今九壤同。

心念苍生，九州一统。

天下已是他的天下，百姓就是他的子民。

玄烨向往成为儒家理想中尧舜那样的圣君，而不仅仅是做一个好皇帝。

他开始把精力转向具体而微的民生，通过赈灾以及大规模的蠲免钱粮，与民休息。

他甚至亲自在紫禁城外丰泽园种植了一块试验田，并花费数年对偶然发现的一株水稻不断进行改良，最终培育出高产的“御稻米”，在京郊等地推广。

苦心经营人清朝二十三年后，皇帝觉得自己终于可以前往泰山封禅了，就像

所有开创了太平盛世的帝王那样。

公元1684年，31岁的玄烨登临泰山。

之后，他专程去了一趟孔子的故乡曲阜，并在祭拜时，将拟定的“二跪九叩”礼改为“三跪九叩”礼。

这是古代帝王祭孔的最高规格。玄烨以此向天下重申：“阐扬文教，振起儒风”是他治理大清王朝的根本理念。

这一年，他还亲自去南京拜谒明太祖孝陵，一样行的是“三跪九叩”之礼。

从来没有新朝皇帝对前朝行过这样的大礼。

他要告诉南方的士大夫，自己的诚意从来没有变过。从前是，现在是，以后还是。

玄烨做了很多此前的帝王从未做过的事。在他的心里，超越他们，才是属于他的成功。

此刻，他已经超越了。

通过十多年坚持不懈的宣讲、制典，他从一个儒学的学生，成了儒者的老师。他既是君，又是师，在中国历史上第一次呈现了“君师合一”的帝王形象。

同样是在这十几年里，玄烨还掌握了另一种前人不曾掌握的力量。

他以南怀仁等传教士为师，学习了天文、地理、数学、测量、光学、医学、音律等知识。

在传教士的帮助下，他撰写了《御制三角形推算法》和《积求勾股法》，并创造了“根”“元”“次”等数学术语。

他不仅注重理论研究，还积极用于实践，经常让人将一些天文仪器搬进御花园，用来观测天象。

皇帝对探索万物生成与变化之道表现出了浓厚的兴趣，似乎有着无穷无尽的旺盛精力。

但这并非只出于对西方科学技术的单纯热爱或是好奇。

知识是一种权力。

玄烨比任何人都懂得运用这种权力。

历来，儒家的一些知识分子，惯于运用意识形态，对皇权进行隐性的制约。

而玄烨，不仅获得了儒学的话语权，还通晓了儒生们完全不了解的西学知识。

他成了整个帝国学术和思想的最高权威。

用儒学约束那些不通礼数的满臣，用西学来遏制那些自视甚高的汉臣，他感觉离自己的理想越来越近了。

玄烨对科学的态度，甚至引起了法国国王路易十四的关注。

他从回国传教士口中得知了中国皇帝的爱好，便派出了更多的传教士。

但这些人来到中国后，却逐渐遭到了冷遇。

新来的传教士严禁信徒崇拜除天主之外的神灵，这与注重祭祀祖先、强调孝道的儒家文化产生了无法调和的矛盾。

在玄烨看来，这无疑是在动摇他全力维护的政治和文化根基。

他最终下令："以后不必西洋人在中国行教。禁之可也，免得多事。"

与此同时，传教士们也发现，这位中国皇帝对待西方科学，更多是把它当作“断人是非”的工具；他虽然涉猎广泛，但对很多东西都是浅尝辄止，并严格控制着知识的传播范围。

皇帝游刃有余地运用着各种权力，他的目标从来都是清晰的、明确的、坦白的。

如他自己所称：“朕惟天生圣贤，作君作师，万世道统之传，即万世治统所系也。”

玄烨要做的，是“道统”和“治统”集于一身的圣君。

人生的前三十年里，他已积蓄了足够的能量。

接下来的三十年，他依然马不停蹄。

公元1689年，玄烨以一份《中俄尼布楚条约》，划分了中俄东段边界，制止

了沙俄对中国黑龙江流域的侵略。

这是中国历史上第一个与外国签订的边界条约，并首次使用“中国”作为正式国名。

一年后，玄烨率兵出征噶尔丹，他要亲自解除西北边疆的大患。

元朝灭亡后，成吉思汗的后裔退守大漠，分裂成多个部落。

噶尔丹成为漠西准噶尔部首领后，侵扰他部，反叛清朝，建立起汗国，控制了南疆，并欲继续向东扩张。

这是玄烨绝对不能接受的挑衅。

1690年到1696年间，他连续三次御驾亲征，给噶尔丹以致命打击，并最终在1720年，将准噶尔残部彻底赶往中亚地区。

中国历史上最后一个大一统的王朝迎来了它的全盛期。

那时的大清帝国，东起大海，西到帕米尔高原，南至曾母暗沙，北到库页岛，总面积近一千三百万平方公里。

玄烨有理由相信，他治下的大清帝国正在经历一次复兴。

社会经济从萧条阴影中走了出来，生产水平超过以往。

他亲自主持编纂了六十多种文化典籍，其中的《康熙字典》是中国历史上第一部官修字典，共收录汉字47035个，对文化传承和知识普及影响至深。

他还组织庞大的人力，耗费十年时间，完成了中国历史上第一份实地测绘地图《皇舆全览图》，推动了历来不被主流重视的科技领域的发展。

很多迹象显示，此时的中国，正在进入自汉唐之后的又一个黄金时代，成为“康乾盛世”的先声。

玄烨完成了一个帝王全部的文治武功。他的每一步，都如履薄冰，又都无比

坚定。

后世有人评价他为千古一帝。和前人相比，他确实已经走得很远。

每一个胜利或者疲惫的时刻，他或许都会想起那个8岁登基时不知所措的孩童，那个14岁亲政时不安而勇敢的少年。

最终，那个少年有没有成为自己理想中的圣君？

公元1722年冬，玄烨再次病倒。

这一年他69岁，已经做了六十一年皇帝。

他的前半生，单枪匹马、一腔孤勇地走到了最高处；他的后半生，一直在品尝最高处的豪迈与孤寂。

面对人生的终点，他认同朱子之言：生死是“天地循环之理，如昼如夜”。

他坦然做好了准备。

五年前，玄烨就已经把自己最想说的话记录下来。

他说："此谕已备十年，若有遗诏，无非此言。"

从来帝王之治天下，未尝不以敬天法祖为首务。敬天法祖之实，在柔远能迩，休养苍生。公四海之利为利，一天下之心为心，体群臣，子庶民，保邦于未危，致治于未乱，夙夜孜孜，寤寐不遑，宽严相济，经权互用，以图国家久远之计而已。

朕自幼强健，筋力颇佳，能挽十五力弓，发十三握箭，用兵临戎之事，皆所优为，然平生未尝妄杀一人。平定三藩，扫清漠北，皆出一心运筹。

人之有生必有死，何足惧乎？近日多病，心神恍忽，身体虚惫，动转非人扶掖步履难行。当年立心以天下为己任，许死而后已之志，今朕躬抱病，怔忡健忘，故深惧颠倒是非，万几错乱。

天下粗安，四海承平，虽不能移风易俗，家给人足，但孜孜汲汲，小心敬慎，夙夜不遑，未尝少懈。数十年来，殚心竭力有如一日，此岂仅劳苦二字所能概括耶。

诸葛亮云鞠躬尽瘁，死而后已。为人臣者，惟诸葛亮一人耳。若帝王仔肩甚重，无可旁诿，岂臣下所可比拟。臣下可仕则仕，可止则止，年老致政而归，抱子弄孙，犹得优游自适。为君考勤劬一生，了无休息。

在这份《临终谕旨》中，玄烨像一个普通的老人那样，回忆起自己健壮的、勤奋的少年时代，辛劳的、勤俭的帝王生涯。

回顾一生所为，他只提到了两件事："平定三藩、扫清漠北"，在他心中，除了国家的统一，其余事，都不足为重。

岁月倏忽，他感知到生命的衰竭。但他对生死毫不避讳，对身后只有一个要求："惟是天下大权当统于一。"

光明不夜燈
清曉長生海

在晚年，他考虑最多的，是国家的未来，也唯恐自己失去智慧和判断。

他要避免历史上那些英明神武的帝王，因为没能及早识人而犯下的过错。

正是因为他的安排，大清帝国获得了此后一百年的安稳。

而他最引以为傲的，是自己兢兢业业，勤勉了一生。

他感叹道，为人臣者，可以选择出仕或者退休，待得年老归田，含饴弄孙，可悠然自得。但当了皇帝，就没有选择，永远没有停止的时候。

这位立志成为圣君并为此雄心万丈、殚精竭虑的帝王，在人生最后的自白中，对自己最大的褒奖，只是“每事必加详慎”而已。

公元1722年11月13日，玄烨驾崩，被追谥为“合天弘运文武睿哲恭俭宽裕孝敬诚信功德大成仁皇帝”，庙号“圣祖”。

这样的谥号和庙号，在中国历史上没有几个皇帝能与之媲美。

而后世记住的，是他的另一个名号：康熙大帝。

捌

觐见

公元 1792 年 5 月 2 日，英国汉诺威王朝的第三位国王乔治三世，召见了他的爱卿、顾问、前驻俄大使、马德拉斯总督、巴斯勋爵、白鹰荣誉团骑士、高级贵族，“品格高尚而且睿智能干”的乔治 · 马嘎尔尼。

施行强权政治的乔治三世正处于成功的峰顶。工业革命，让英国国力迅速增强，将整个欧洲大陆远远甩在身后。
国家发展的强盛态势和海外冒险的收获，让这位国王将目光投向了传说中拥有“备受称赞的制度”并且“极度繁荣”的中国。

经过反复、慎重地考虑，他决定委派马嘎尔尼作为“特命全权大使”，带上精心挑选的礼物，以及自己写给中国皇帝的信，出使那个遥远的东方古国。
他说：“大英帝国已经准备好船只去发现地球上的新区域，以增加关于世界的知识，探明各地的物产，这么做都是无私的。”
他也提道：“相隔遥远的国家之间的商品交换，是互利的好事。”

所以这次出使的一个重要任务，就是建立起某种制度，加强中英之间的贸易关系。
当然，这也是一国之君向另一国君主发出的一声探寻。
他在信的开篇写道：

> 最神圣的乔治三世，承蒙天恩，身为大不列颠、爱尔兰和法兰西国王，是海上霸主，是宗教正统的捍卫者，向中国最高君主乾隆致意，祝万寿无疆。

经过九个月的航行，1793年6月20日，马嘎尔尼使团到达中国南部海岸。

过去的两个世纪里，大量传教士与商人往来于欧洲与中国之间，他们的描述构建了西方世界对于这个神秘国度的最初印象。

在这些描述中，中国拥有理想化的社会制度，一群受过良好教育的社会精英作为官员，围绕在仁慈的专制君主周围。他们共同经营着一个巨大而富足的统一体。

也有一种声音说，中国并不如想象中那么完美，他们顽固拒绝欧洲人的渗透。

马嘎尔尼的副使乔治·斯当东，正是这个观点的支持者。

他常常手拿中国扇子，同时感慨着：

与英国贸易商接触一百年后，中国人什么也没改变，更糟的是，英国却在某些方面产生了对中国的依赖。比如原产于中国的茶，已成了英国人日常生活的必需。

情绪或许一开始就存在。

如同他们完全无法理解，来使团船工作的中国人为什么看上去那么相似，连表情都莫名一致。

更不能理解的是，所有人看到乾隆皇帝的画像时，会立刻下跪叩头。

虽然这个动作令英国人感到不适，但此时他们还不觉得这与自己有什么关系。

据说，马嘎尔尼完全不认为这是一种礼仪，只是以为他们在亲吻地面。

误解可能在这时已经产生。

同时代的英国学者大卫·休谟曾说过：尽管中国区域辽阔，气候有相当大的差异，但是，中国人在性格上却具有一种强大的一致性，他们说一种语言，通行一种法律，连同情方式都是一样的。

日后，马嘎尔尼和他的团员会对这段话有更加深刻的理解。

乔人杰是在三年前补缺代理天津道道员的。

那一年碰巧乾隆皇帝来视察，乔人杰明察沉观，办事得力，给皇帝留下了一个好印象。

去年，周边闹水灾，每天都有大量逃难的灾民经过。乔人杰倡议当地官绅捐资，在四个城门外设立粥厂，一方面行了善事，另一方面也让天津城避免了灾民的骚扰。

这让乔人杰在当地官声大振，随后正式受任天津道道台。

自明朝永乐元年设立“天津卫”，天津因其紧临北京的特殊地位，成了护卫京师的军事要地。

但是，真正让天津受世人瞩目的并不是军事，而是商业。

天津紧临渤海，同时还是京杭运河漕船的终点。海运开放之前，运河是南北运输最重要的通道之一。通过河运流通的物资，都要在天津转运或者就地买卖，国内重要商品集散地的地位就此形成。

到乾隆年间，天津已是中国最发达的城市之一。

乔人杰能力并不出众，能在天津任职，算是极好的运气。

这个原本注定默默无闻的平庸官吏未曾想到，因为这个下午的一封上谕，他会进入史册。

这封转自军机处的上谕中说，有一支英国使团，为给圣上祝寿，不远万里来到中国，但他们提出了一些不合常规的要求。

这些要求经由军机处会商后，禀报了圣上。

乾隆皇帝同意了对方提出的使团船只停靠天津港的请求，并要求沿途各级官员做好相关保障。

迎来送往对于乔人杰来说，并没有什么难度。但是，精于世故的乔人杰发现了其中的微妙之处。

当时英国人在中国社会的口碑并不好，但是，这一支英国使团却受到了最尊贵的礼遇。这只可能是因为皇上亲下的谕旨。可见皇上对此十分重视。

自己必须要打起十二分的精神来对待这项差事。

这一年是乾隆五十八年。爱新觉罗·弘历自25岁登基，如今已是83岁高龄的老人了。

祖父康熙皇帝开启的盛世，经由父亲雍正皇帝的经营，在他治下到达了

巅峰。

国家人口和财政收入都翻了一番，超过了历史上所有的朝代；他还开拓了除元朝之外历史上最大的国土面积，并将所有疆域牢牢控制在手中。

乾隆皇帝深信，中国是天下最伟大的国家。

他对“西洋诸国”并不陌生，在他看来，这些据说坐了很久的船才来到中国的西洋人，跟每年来进贡的贡使们并没有什么区别。

对于地大物博并且慷慨仁慈的帝国来说，只要洋人恪守礼仪，就可以沐泽恩荣；但如果他们举止失当，就会丧失一应所得。

大清帝国并不在意财富上的得失。

乾隆皇帝真正在意的是，大清的恩威有没有广布于天下，大清的皇帝是不是真正意义上的王中之王。

要确立这一切秩序，其根本在于“礼”。

基于孔子推崇的周礼而确立的《大清通礼》中，明确了五种核心礼仪。

外国使团来中国，属于其中的“宾礼”。在一个崇尚重视“礼”的国度，凡事按部就班地操作即可。

但此次来访的英国人，却频频提出一些不合礼数的要求。

乾隆了解情况后表示，既然对方说是为自己祝寿而来，那就好好接待。他们携带的礼物经不起陆上的车马劳顿，想停靠在天津港，似乎也有道理，答应就是。这是大清应有的气度。

在乾隆眼里，这只是众多使团中比较麻烦的一个而已，并没有什么特别。

马嘎尔尼和使团虽然受命于英国国王，但是出使的费用全都来自英国东印度公司，他们垄断着英国的对华贸易。

如果使团顺利达成目标，东印度公司会是最直接的受益者。

不过，公司董事们对此并不乐观。他们反复强调一个原则，那就是无论如何，不要削弱或损害现有的对华贸易关系。

但是，马嘎尔尼认为，国家利益高于公司的商业利益。

他的目标，是让英国与其他和中国有交往的国家区分开来。

他有信心实现这个目标。他相信自己的外交经验，更相信那些新鲜的礼物。

这些礼物的选择只有一个标准，就是能引起乾隆皇帝的好奇心。

正如斯当东所说，他们希望这些礼物以及礼物背后的科学、艺术，可以“给乾隆皇帝留下更为牢固而永久的愉悦”。

即便如此，他们还是不断地商议对策，核心在于：如何尽可能地绕开那些中方的官员，与乾隆皇帝本人直接交流。

1793年7月底，英国使团抵达天津港。

这是双方第一次相会，顺利而且愉快。

伴着随团乐队演奏的西洋音乐，他们在甲板上一起用餐。

两位清朝官员很快就跟英国人熟悉起来，甚至学会了使用刀叉。他们显得随和、谦逊而又睿智、机敏。

马嘎尔尼觉得，这是一个好的开始。

执礼作别时，乔人杰和王文雄提出，希望尽早拿到英王的信函、礼物清单以

及使团名册。

马嘎尔尼答应尽快提供。

这才是双方相谈甚欢背后的严肃正经事。

与英国人的乐观态度不同，乔人杰在这次见面后，反而忧心忡忡。

他与王文雄前去拜会使团，是乾隆皇帝钦差、内务府官员徵瑞的命令。

但是徵瑞本人并没有出现，他们给马嘎尔尼的解释是徵瑞畏惧大海。但其实，作为钦差的徵瑞，只是不屑于登船而已。

乔人杰很清楚，登船拜会是礼节、是客套，拿到相关文件才是这个命令的要义。

因为，此刻乾隆皇帝已经到达热河，那里有一个皇家避暑庄园。一个多月后，皇帝会在那里接见英国使团。

皇帝心中的使团就是贡使，贡使就有明确的上下之别。

而乔人杰面对面感受了这批英国人的态度，他们礼貌却强势，在他们的嘴里，英国国王和中国皇帝是平等的。

这很麻烦，乔人杰第一次感到了任务的艰难。

十多天后，英国使团来到北京东郊的通州码头。

这些日子里，双方有了更多交锋。正如乔人杰的预料，分歧越来越明显。

马嘎尔尼按乔人杰的要求，给出了一份《英王陛下赠给中国皇帝的礼物的清单》，这个稍显拗口的文件标题，来自使团自己的翻译官。

这是马嘎尔尼以乔治三世的名义写下的。

一开篇，马嘎尔尼就介绍道，这些礼物可以展示“欧洲科学和艺术的进步”。之后除了用大段文字夸耀每一件物品，特别反复强调了一个概念，英国和中国是两个“主权国家”，两个主权国家之间的交流愿望比礼物本身更有价值，互相交流才能互惠互利。

收到清单后，朝廷请在宫中供职的欧洲传教士重新翻译了一遍。

这次译稿中，一切有关主权国家交流互利的表述都被删除了，对礼物的赞美表达也变得更加客观，尤其是，把这些礼物的定位改为了外国国王给皇帝的贡品。

也就在这时，徵瑞正式但婉转地提出了觐见礼仪的问题。

他告知英国使团，乾隆皇帝会在热河举办的生日庆典上接见他们，考虑到英国服饰在行跪拜礼时会有不便，所以建议在见皇帝之前可以把膝扣、吊袜带之类的去掉。

即便如此委婉，马嘎尔尼的反应依然出乎意料的强烈。

他表示坚决不会行三跪九叩的中国礼仪，并认定乾隆皇帝更乐意接受鞠躬礼或屈膝礼。

他的固执和自以为是让徵瑞十分恼怒。

这次争执让双方关系迅速紧张了起来。中国官员甚至开始怀疑这支英国使团的来意。

乔人杰越来越意识到这份差事的艰难，他能做的，只有尽力搞好跟使团成员的关系，期望他们可以改变想法，恭顺朝廷的意旨。

但是，他的良苦用心对于马嘎尔尼来说，毫无意义。

8月21日，英国使团来到北京。

使团一行只有三顶轿子，其中两顶分别给了马嘎尔尼以及斯当东父子。

小斯当东好奇地看着眼前这座传说中的天城。

北京与伦敦是如此不同。伦敦道路狭窄，而北京道路宽阔，两边的房子多是低层平房。

当然，印象深刻的还有紫禁城，红色的围墙以及那些黄色琉璃瓦。英国人很清楚，这是皇帝专用的神圣颜色。

马嘎尔尼显然无心关注。随着距离见到乾隆的日子越来越近，他的心情也越来越沉重。

关于徵瑞提出的觐见皇帝之礼，乔人杰和王文雄又找他谈过一次。

他们明确表达，是否跪拜皇帝是件很严重的事情，但是跪拜本身并不难，如果马嘎尔尼不会，他们俩愿意亲自示范。

马嘎尔尼的拒绝比上一次更加坚决。他表示，自己誓死不跪！

他暗暗觉得，跪或者不跪或许并没有那么重要，自己带来的礼物一定会吸引

皇帝的关注，到那时，一切就迎刃而解了。

这么一想，马嘎尔尼的心情又稍稍舒畅了些。

穿越北京城后，马嘎尔尼和他的使团来到了圆明园。

皇帝此前已经决定将礼物分成两部分，一部分带去热河，一部分留在北京。

所以，此刻要做的，就是把礼物摆出来，决定去留。

这么多新奇的西洋物件的出现，吸引了京城里有地位的文人，还有那些没能陪同皇帝去热河的官员。

但效果并不像马嘎尔尼期待的那样理想。

据说，有一位老太监对英式四轮马车产生了强烈质疑。

马嘎尔尼喋喋不休地介绍这驾马车所使用的弹簧的精巧，以及因此而产生的乘坐舒适感。

而老太监关心的是，皇帝坐在哪里？

如果皇帝坐在车厢里，那驾车的车夫位置就比皇帝高，而且，还背朝皇帝。如此大逆不道，怎么可以？！

马嘎尔尼不太能理解这些话，但他明白，老太监的拂袖而去，意味着他们试图向中国大批量销售四轮马车的梦想破灭了。

但他并没有把这个小插曲与觐见皇帝时的跪拜联系起来。

他依然没有意识到，这本质上是两个国家制度与文化的巨大差异。

对于以儒家文化为精神内核的中国来说，礼制是国家的根基，不可动摇。

马嘎尔尼始终有一个偏执的判断，那就是：所有不顺利，都是因为个别官员

的狭隘和自以为是的决定，皇帝本人一定是不知情的。

从来如此，人们只会狂热地相信自己愿意相信的事。

实际情况是，大臣们接待英国使团的原则与态度，都直接来自皇帝的谕旨。

关于觐见礼仪的争论发生后，马嘎尔尼提交了一份书面答复。

他提议，让一位身份与自己相当的朝廷大臣，在自己的北京寓所中向英王乔治三世的画像行三跪九叩的大礼，这样，他本人就可以在皇帝御座前行同样的礼仪。

乾隆皇帝觉得这简直是不可理喻。

在他的心目中，马嘎尔尼本身只是贡使，即使是贡使所代表的小国国王，相

比天朝的大臣，地位也是更低的。

就此可见，英使是一群无知的外国人，不值得特别优待。

皇帝的气恼引发了群臣的焦虑。

有人建议，在皇帝御座后挂一幅英王画像，或许是双方都可以下台阶的方式。

那样的话，英使便是对着英王的画像下跪，就好像中国人对着皇帝的画像叩头一样。这既维护了英使的面子，又保全了天朝的权威。

听起来有些荒唐，但乾隆打算不计较了。

当乔人杰把这个方案转告给马嘎尔尼时，却被拒绝了。

因为马嘎尔尼从不向英王叩头，不要说九次，一次都不会。

他甚至不会双膝跪地，除了上帝，对任何人他都不会这样做。

这个回答让大臣们困惑了。

那英国人觐见国王时，怎样行礼呢？

马嘎尔尼回答说，单腿跪地，吻国王的手。

既然这是他对自己国王的最高礼仪，那觐见时就用这个礼仪可以吗？

乾隆皇帝内心震怒，但他竟然同意了。只是，要取消吻手这个奇怪的行为。

或许，是地方官员过分热情的接待，才让英国人变得越来越傲慢，提出越来越多令人反感的要求。

必须有人为此付出代价。

第二天徵瑞就接到了降职处分的决定。

总算有了突破。可是，这有意义吗？

过去这些天，所有人把所有的精力和时间都花在了礼物和礼仪上，希望洽谈的通商要求却一点推进都没有。

对于马嘎尔尼来说，这究竟是胜利还是失败？

虽然貌似达成了共识，但误会并没有消除，反而越来越深。

1793年9月14日，庆祝乾隆皇帝83岁诞辰的盛典在热河举行。

马嘎尔尼一行出发得很早。天刚破晓时，他们就到了觐见的地点，开始等待。

热河，就是今天的承德。

自康熙皇帝在这片群山环绕的草场选址建立木兰围场开始，这里逐渐发展成为清朝的第二个政治中心。

康熙和乾隆每年夏天来此，有时一待就是半年。不仅仅是为了避暑，也是为了处理军政的方便。由于地理位置处在古北口外，热河成为抚绥蒙古王公和外藩来使集中觐见皇帝的地方。

乾隆皇帝在这里举办过诸多重大的庆典。

这是中国北方一年中最丰饶多彩的季节，天空高远明亮，四野葱郁安宁。

这片土地上的人代代传承，他们熟悉春耕秋收的自然秩序，也熟悉礼制伦常构建的社会秩序。

这一天，他们将与一个大西洋上的岛国迎面相遇。

在两千多年的中国历史中，这样的一次与外邦的见面几乎是微不足道的，不会有人意识到，这是当时世界上最强大的两个国家，第一次面对面的相互打量。

他们会看见什么？

朋友，还是对手？

善意，还是危险？

几个时辰后，皇帝来了。

全体人员呼啦啦地跪下。

身处蒙古王公、缅甸贡使等各国使臣之间的英国人也照样做了。

众人叩头时，英国人就低下头；众人抬起身子，英国人就抬起头。

当大家又重新趴下时，英国人再次低头；大家站起来，他们也就站了起来。

多醒目的一群人！

乾隆抬眼望去，这群人是多么无礼，其他人五体投地时，他们居然比周围的人高出许多！

乾隆不知道，那个小小的岛国，正处在无比自信的上升态势中。

过去的三十年，英国发生了一场巨变。一位织布工人用女儿珍妮的名字命名了自己发明的纺纱机，将生产效率提高了十数倍，影响世界的工业革命迈出了第一步。

之后，一个叫瓦特的机械师发明了蒸汽机，这一人类历史上从未有过的动力方式，成为整个英国高速转动的启动力量。

英国势力急剧扩张。现在，它想成为全世界的霸主。

马嘎尔尼终于见到了大清的最高统治者，听闻已久的东方帝国的君主。

场面比想象中的更加隆重。

马嘎尔尼向乾隆呈递了英王问候信，并奉上数只精巧的西洋表。

皇帝回赠了马嘎尔尼一柄雕刻精美的如意。

接着，副使斯当东上前向皇帝致礼。

乾隆也赠给斯当东一块与大使一样的玉石。

对于英国正在发生的那些变化，乾隆皇帝可能所知甚少。一个幅员辽阔、自给自足的大国，似乎完全可以不必理会一个遥远的岛国在做些什么。

而那些刚刚起步的变化将对世界产生怎样的影响，即便英国人自己，当时也未必清楚，中国人自然更加无从猜想，也没有兴趣猜想。

同样的，看似迫切想要建立联系的英国人，也并不了解中国。

如同马嘎尔尼始终不明白，为什么觐见之礼，会成为一道无法逾越的障碍，让他预想的贸易谈判连开口的机会都没有。

他更无法理解，为什么中国人对和他们做生意这件事那么排斥，对他们引以为豪的技术和商品那么冷淡。

如此巨大的隔膜和深刻的误解，横亘在东西方两个国家之间。

擦肩而过几乎是没有悬念的。

双方之间的交流必须通过翻译，显得很累，于是皇帝问，使团中有没有能直接讲中国话的人。

于是斯当东的儿子小斯当东，这个唯一能讲几句中国话的13岁的孩子站了出来。

乾隆将他召了过去，并解下身上的一只黄色荷包，送给这位可爱的异邦小友。

小斯当东的反应很快，他当即用中文感谢了皇帝。

皇帝身上带过的任何一件物品都被视为无价之宝，把自己随身的荷包赐予别人，是一种特别的恩惠。

这些记录都来自马嘎尔尼和斯当东父子的日记。但是，按照清朝官方礼制，一切细节都应该是预先安排好的。

比如，按照礼仪规定，贡使不直接与皇帝说话，皇帝也不会直接回话；贡使与皇帝应该要保持一段距离，马嘎尔尼所说皇帝亲手接过礼物和信函、再转交给大臣，似乎也是不会发生的。

大清朝廷，怎么会接受这种未经事先磋商、直接在现场做出的变更？

细节几乎难以求证。不过，乾隆皇帝应该展示了相当的宽容。

两年后，他即将禅位给儿子。这位“十全老人”对自己的一生是感到骄傲的，他愿意让皇恩泽被更多的人。

一个古老的帝国，和一个新兴的强国，就这样完成了一次对视。

几个月的焦虑、很多个小时的等待，英国使团的使命，在这样略显尴尬的见面后结束了。

日后，即便在核心问题上，中英双方对此事的记载也并不一致。

马嘎尔尼和副使斯当东坚持说，使团代表只是单膝跪地，甚至很多年后，还专门绘制了一幅小斯当东单膝跪地拜见乾隆皇帝的画，以作证明。

但是，清帝国的有关史料记载：马嘎尔尼一行向皇帝恭行了三跪九叩的大礼。

这是一个在日后不断被放大的争执。

因为很多人认为，这是此后一个重大历史转折的起点。

但无论如何，马嘎尔尼曾经设想的，与乾隆皇帝单独见面，然后发挥个人魅力侃侃而谈的游说并没有发生。除了遵照礼仪呈递了英王乔治三世的信函，他几乎什么事都没有办成。

马嘎尔尼失败了，但同时，清帝国似乎也没有胜利。

未来，时间会证明，这是一次没有胜利者的斗争。

马嘎尔尼事后总结说："如果中国禁止英国人贸易，那么只需几艘三桅战舰，就能摧毁其海洋舰队。只是一旦发动战争，就等于终止贸易。英国也将受到最大的损失。因为，中国是棉花和鸦片的销售市场。"

是的，他终于提到了鸦片。

八天后，乔人杰受命安排使团迅速离京。

让使团乘船直达浙江并登船返回英国的命令，来自乾隆皇帝。

乾隆不仅仅是对这支使团，更是对整个英国都开始产生了深刻质疑。

他现在已经弄清楚了，英国是西洋诸国中最强大的国家，或者说是最野蛮的力量，他们在海上抢劫其他国家的船只，无法无天，令人恐惧。

乾隆明确说，即使这次使团亲眼见证了大清王朝的强大，但还是有可能在澳门等地挑起事端。为此，他不断重申自己的命令，要在英国人返程途中向他们展示大清的军事力量。

中国之行，确实让马嘎尔尼一行有了一次近距离审视中国的机会。他们用自己的视角，看到了盛世下的另一面。乾隆后期，生产力跟不上人口暴增，人均粮食产量下降，普通百姓生活极为贫困。

他们进而认为："中华帝国只是一艘破败不堪的旧船，只是幸运地有了几位谨慎的船长，才使它在近一百五十年期间没有沉没，它不会立刻沉没，它将像一个残骸那样，四处漂流，然后在海岸上撞得粉碎。"

对于英国人展示出的过分自信和傲慢，乾隆皇帝用自己的方式给予了回复，虽然这段话在日后成为他被批评的证据。

天朝地大物博，无所不有，从不看重奇巧制品，念在你们大老远诚心献礼，所以我安排人收下了，但你们的使者也看到了，我们万国来朝，贡献的各种珍贵之物，无所不有，并不稀罕你们国家的制品。

在这次兴师动众但是毫无成效的外交行动里，还有一小段插曲值得一提。

乾隆皇帝有一位比自己小47岁的妃嫔，伊尔根觉罗氏。

她出身满族名门，是乾隆年间最后一位入宫的妃嫔。

据说她容颜俏丽同时又性格温婉，因此很快得到了皇帝的盛宠，册封为“循嫔”。

就在乾隆皇帝接见马嘎尔尼的那天，因为好奇，循嫔提出要求接见一下据说中文流利又很可爱的小斯当东。

乾隆皇帝竟然批准了。

小斯当东还意识不到这是一项极其特殊的待遇。

但他的父亲知道这非同一般，他专门花笔墨记下了这件事：

“皇帝根据内眷要求，让太监把年轻的小斯当东领到她的帐篷，在那里接见了他。”

小斯当东因此成为唯一一位被中国皇帝的女眷接待的英国人。

这件事让回国后的小斯当东有了“中国通”的形象，成为明星。

四十七年后的1840年，因为清朝的钦差大臣林则徐下令销毁了英国运送到广州的一批鸦片，英国下议院举办了一场辩论，主题是要不要派出远征军对中国发动战争。

在这场激烈的辩论中，59岁的小斯当东站了起来。

他说，如果我们在中国不受人尊敬，之后我们就会失去印度的尊重，再之后全世界都不会尊重我们，所以，对中国的武力征服是必须的！

他的发言对那些没去过中国的议员产生了影响。

就在这一年，英国人用坚船利炮，打开了中国的大门。

自此，中国历史进入了前所未有之大变局，内忧外患中，两千年的帝制风雨飘摇。

玖 实业

公元1894年，按照中国传统纪年方式，这是一个甲午年。

这年7月，日本挑起战争，大清帝国被迫与其开战。
两个月后，在黄海海域的战斗中，清帝国海军惨败，号称亚洲最强的北洋舰队遭遇重挫。
消息传来，朝野震动。

大清的群臣可能并不知道，这场日后被称为“甲午海战”的失败，会成为清帝国乃至整个东亚历史的拐点。
但他们都明白，对于帝国来说，这是一件糟糕得不能再糟糕的事情。

还有不到两个月时间，就是清帝国的实际掌权者、皇太后慈禧的六十大寿。
黄海海战的惨败，让正在筹备中的圣寿蒙上了一层阴影。

日本的挑衅由来已久，对此，朝廷内部悄然形成了两派。
一派以直隶总督兼北洋大臣李鸿章为代表，以慈禧太后为首，主张议和。
另一派以皇帝的老师翁同龢为代表，以年轻的光绪皇帝为首，主战。
战争爆发前，帝后两派尚能维持表面的和气，但立场和态度的分歧，导致了对内对外各项行动上的巨大差异。
甲午一战的失利，让最高权力者之间的纷争再难掩饰，也使得大清帝国的困厄尽人皆知。

这并不只是一场战争的失败。帝国的敌人，也并不只有日本。
半个多世纪以来，帝国内部的矛盾和外来的威胁一日日加剧，在19世纪即将结束的时候，危险一触即发。
败于历史上从来都以中华为师的岛国日本，这是比此前败于西洋炮火打击更大的一记精神重创。大清帝国真实的脆弱和不堪一击彻底暴露了。

所有人都在为战败痛心顿首，为国运忧心不已。也有人已然意识到：大清朝遭遇的，是关乎生死存亡的危机。

但是，该怎么办？

每个人都有不同的想法。

自从 1840 年英国人用坚船利炮打开国门，他们一直在想办法，却一直败退，遂至今日，深陷泥沼。

42 岁的新科状元张謇是支持光绪皇帝与翁同龢的。

既然世界已发生了巨变，要救国，就必须要改变；要改变，就必须要有勇气和行动。

只是，在这数千年来不曾有过的困局中，到底哪一条路才走得通？自己又能做些什么呢？

张謇出生的那一年，洪秀全率领的太平军攻占南京，那是公元1853年。

起义是两年前开始的，在席卷了半个中国后，洪秀全定都南京，改称天京，号“太平天国”。

在张謇出生的十三年前，英国对中国发动了一场侵略，史称第一次鸦片战争。也是在南京，战败后的清帝国与英国签署了割地赔款的不平等条约。

经历了康乾盛世的大清帝国，仿佛忽然间滑进了内忧外患之中。

张謇的家乡南通距离南京并不远，幸运的是，南通紧临黄海，地处一个半岛，位置偏僻，战乱带来的影响不大。

这里的生活相对安定，但同时，观念也相对守旧。

张謇的家庭，据说祖上曾富裕过，不过，等他长到15岁时，也只是一个仅有十几亩农田、一两名长工的普通农户。

父亲一共生了五个儿子，唯有张謇天资聪慧，于是，振兴家族的重任就落在了他的身上。

振兴家族没有别的办法，唯有一条路，读书、科举。

但是，家族中自张謇的高曾祖父以下，没有人参加过科举。按照旧俗，张氏家族属于“冷籍”，子弟们想再次参加考试，需要大费周章。

张謇的父亲一生保守，这次却做了个大胆的决定，他花钱买了别县的名额，让张謇冒名应试。

因为成绩不够理想，有教书先生严厉地批评张謇说，如果有一千人应试，录取九百九十九人，你必定就是那唯一不中之人。

要强的张謇深受刺激。

他把“九百九十九”几字写在房中，激励自己。夏夜蚊子多，他便把双脚置于坛子里读书。

经过发愤准备，他终于考取了秀才。

但是，福兮，祸所伏。

张謇冒如皋籍应考的事被人告发了。

这是一件很严重的事情。张謇的父亲到处求人，几乎花光了所有积蓄，此事才在南通州知州孙云锦的调停下平息下来。

同样，祸兮，福所倚。

虽然张謇备受煎熬并因此负债累累，但他的人品和才能却获得了官家的赏识。

孙云锦让张謇担任自己的私人秘书，之后又介绍他结识了淮军重要将领吴长庆，成为吴府幕僚。

张謇就这样走进了晚清的政治生活。

在吴府，张謇深受信任，每日的工作就是处理文件和军务信函。加之时常陪伴吴长庆左右，与各层人士都有广泛的接触和联系，历练了四年后的张謇，格局见识都远不是一个普通乡村秀才可比的了。

这些年里，投奔吴府谋取差事的人很多，其中有一个带着数十名家兵前来的年轻人，名叫袁世凯。

袁世凯读书不多、为人骄奢，但办事精明能干，善于揣摩人心。吴长庆便将他留在营中，并请张謇指点他读书。

此时，张謇29岁，袁世凯23岁，师徒相称的二人，都还预料不到，未来三十多年中，他们几经恩怨分合，最终分道扬镳。

就在袁世凯入府的前一年，公元1880年，清帝国的海陆边情同时吃紧。俄国正为伊犁交涉中；法国占领清朝的藩属国安南，直接威胁到中国领海；日本强势插手朝鲜事务，窥伺中国东北。

吴长庆被调任广东水师提督，奉命帮办山东防务，着手部署海防事宜。

晚清的局势，人人看在眼里。

大清帝国如同一艘四处漏水的巨轮，船上的人如何自处，张謇有张謇的志向，袁世凯有袁世凯的盘算。

1884年夏天，离乡数载的张謇回到了南通老家。

在大清朝的官场走了一遭，他近距离地接触到这个国家的上层权力，看到了权谋和腐朽、无知和无情，也看到了痛惜和无奈。

他更深地理解了这片古老的土地何以衰零至此。

两年前，张謇追随吴长庆带兵奔赴朝鲜。朝鲜夹在中、俄、日三国之间，战略地位尤其重要。

当日本军舰悍然登陆时，朝鲜发来了出兵援助的请求。

在朝鲜的一年多，张謇作为主要幕僚，参与了各项策略的制定。但最终，吴长庆却成为朝廷派系争斗的牺牲品，回国后郁郁而终。

吴长庆的突然离世，对张謇打击很大。幕府宾客四散时的势利，让他体会了一次残酷的世情冷暖。这其中就包括吴长庆生前颇为看重的袁世凯，他很快就不再称呼张謇为老师。

更让张謇无法忘怀的是，他第一次体验到了政治斗争的震波。

回国前他曾拟过一篇关于朝鲜善后的文章，核心观点是：请朝廷务必下定决心，保全朝鲜。

这篇《朝鲜善后六策》几经辗转，被交于北洋大臣李鸿章。

李鸿章看过，只评价了两个字：多事！

主和的李鸿章一派大权在握、不愿多事。

主战一方，想借此抬高自己的声望，获得更大权力。

但究竟，什么才是对国家最有利的选择呢？没有人能回答。

回到故乡的张謇，感到自己和这个帝国一样，一时间茫然无措。

张謇并不知道，他所著的《朝鲜善后六策》已经在北京官场传开，不少朝中要员都看到了。

文章引发了对日强硬派的认同，包括军机大臣翁同龢。

翁同龢地位特殊，他是咸丰六年的状元，前后两朝皇帝同治、光绪的老师。

在政治上，翁同龢与李鸿章势如水火。虽然他们都意识到了帝国的巨大危机，都想要挽救王朝的颓势，但是，他们身处不同的权力阵营。

京城的事，对此刻的张謇来说，显得很遥远。

在南通老宅里，他又做回了一个书生。

数年的游幕生涯，已经让他积攒了足够的经验和声誉，但“学而优则仕”依然是他心中认定的唯一正途。

然而在之后的四次会试中，他都名落孙山。

科举这条路，张謇从15岁开始走，历经各级考试二十多次。如今已40岁了，他无法不感到心灰意冷，最好的时光正在一去不返。

一晃就快十年了。

这十年里，大清帝国的态势是相对平静的，但后世学者却称之为“关键的十年”。

它延续着同治和光绪两朝皇帝治下的“同光中兴”的向好局面，但国家的根本性问题并未解决，强敌环伺，虎视眈眈。

正是这十年，影响了大清帝国之后的走向。

和时间一起流逝的，是无数个可能改写命运的机会。无论对于国家，还是对于个人。

张謇有过沮丧和低落，甚至把常用的考具都扔了。

但他从未停止过思考。

当朝帝师翁同龢的奖掖扶持，也让他对政局有了新的认知。

翁同龢位高权重，却对同乡的后起之秀张謇格外垂青。为了给皇帝储备人才，他有意栽培这位品格才识俱佳的后辈。

他们以师徒相称，十年间交谈过多次。为了帝国的前途，费尽思量。

19世纪40年代以来，两次鸦片战争的失败，让大清朝被迫打开国门。痛定思痛，朝廷于1861年设立总理各国事务衙门，创办了大量军事工业和民用工业，开办了新式学堂，派出了留洋学生。

二十多年"自强""求富"的洋务运动，让大清帝国找回了些许自信，尤其是拥有了被称为亚洲最强的北洋水师。

只是，有识之士不难发现：此间并没有关于国家再造的整体性思考和制度建设，而朝中帝、后的二元权力结构，却隐藏着失衡的危机。

然而，人们总是要等到最坏的情况发生之后，才会对曾经错失的时机懊悔不已。

公元1894年，为庆贺慈禧太后六十大寿加开恩科会试的消息传到了南通。

垂垂老矣的父亲再次燃起希望，他劝勉张謇：你还未老，我也还没有老到糊涂的地步，不如再试一次？

再试一次，这像是张謇对自己说了半辈子的话。

42岁的张謇对于功名已没有太多念想，他知道，世界之大，还有许多可为之事。

他的半生都为科举所困，如同这个国家一样，已经打开了新窗，呼吸了新风，却仍为陈腐的理念禁锢，在新路上举步维艰。

但看着七十多岁的老父亲，想到父亲几乎孤注一掷般的寄托和盼望，张謇无法拒绝。

为了可能的金榜题名、光宗耀祖，他再次奔赴京城。

这一次，恩师翁同龢也在等他。

1894年4月24日，五更时分。

前一日参加完殿试的新科进士们整齐地站在乾清门外。能走到科举考试中最高一级的殿试，这些人自然都是今年恩科会试的佼佼者。

马上，状元、榜眼、探花的人选，就要由皇帝亲自揭晓。

数十年寒窗苦读，能否一举成名天下知？这是最后的等待。紫禁城肃穆如常，空气里飘动着兴奋和焦急的情绪。

张謇的心情十分复杂。

这一天，光绪皇帝也是天刚破晓就到了乾清宫。

24岁的皇帝已在龙椅上坐了近二十年。刚刚，翁同龢与其他阅卷大臣一起，捧着此次殿试前十名的试卷，进入乾清宫西暖阁。

阅卷大臣们按照事先议定的名次拆除弥封，并逐一奏陈姓名。

张謇的名字被第一个念了出来。

站在一旁的翁同龢特别介绍了一句："张謇，江南名士，且孝子也。"

皇帝听闻，甚为高兴。他仔细阅读了张謇的文章。

张謇以一甲一名引见。

一声拖长腔调的宣呼传来。张謇听见自己的名字在这深宫里回荡。

状元，这是天下文人的至高荣誉，也是多少人终其一生无可望见的梦想。

所有人都在羡慕的时刻，张謇却有些麻木。他感到了疲倦，一股空乏之感陡然袭来。

在当天的日记中，他陈述了自己难言的心绪。他写道：“栖门海鸟，本无钟鼓之心；伏枥辕驹，久倦风尘之想。”

但无论如何，从这一刻起，他不再是那个寂寂无名的农家子弟，而是全天下都景仰传颂的状元郎。他的名字将以这样一个耀眼的身份被载入史册。

张謇一步步向庙堂走去，也由此正式走向晚清历史舞台的中心。

更隆重的典礼，是第二天举行的。

张謇被授以翰林院修撰，赐六品朝冠。

中状元，点翰林，接着入军机，这是老师翁同龢走过的道路，也是他对张謇

的期待。

甲午年的大清帝国正逢多事之秋。张謇十年前预言的朝鲜危机在这一年爆发，日本入侵朝鲜。

围绕战与和，翁同龢与李鸿章展开激烈对峙。最终，大清对日宣战。

不曾想，北洋水师在黄海之战遭遇始料未及的挫败。

而宫中，却还在为慈禧太后的六十大寿挥金如土。

张謇察觉到：大清并没有做好应战的准备。

他也看到，翁同龢处境困难，他们唯一能依靠的只有光绪皇帝。但真正掌握着国家权力的却是慈禧太后。

张謇感到焦虑和失望，却又无可奈何。就在战局最焦灼的9月，一纸电报将他再度召回故乡。

张謇未能见到父亲最后一面。

带着儿子状元及第的喜讯离开，父亲的一生，或许得到了想要的圆满。

但没能陪伴父亲最后的日子，却是张謇的恨事。

“一第之名，何补百年之恨；慰亲之望，何如侍亲之终。”

两代人交错而过的望与恨，都留在了这个刻骨铭心的甲午年。

张謇居家守孝期间，清军在战事中节节败北。

第二年春天，中日《马关条约》签订。那是大清帝国对外签订的最丧权辱国的不平等条约之一。

听闻此讯当晚，张謇在日记上一条一条记下“和约十款”的内容。他说：“亡国之马关条约，朝廷能忍，吾四万万同胞不能忍。”

纵使悲愤至极，他又能做些什么呢？

祭奠父亲的时候，他自我谴责说：作为一介书生，徒为口舌之争，不能杀敌，不能锄奸。无论对于父亲，还是国家，都深有亏欠。

甲午之战留给中国民众无尽的创痛与耻辱，却也将这古老的国家从千年大国梦中，猛然唤醒。

大清帝国如处“覆屋之下，漏舟之中，薪火之上”，自此开始无法挽回地走向崩溃。

师夷长技，并不足以制夷，仅仅发展经济和技术，是无法让一个国家强大的。

朝廷终于意识到制度问题才是根本，想要变法维新，却再次被权力斗争中断。

世界也没有再给大清帝国自救的时间，19世纪末到20世纪初，列强瓜分世界的战火凶猛袭来，在一次次的战败和屈辱中，在一次次改良的努力无效后，所有人都不再对这个王朝抱有任何希望。

公元1911年10月10日晚，武昌城内的新军发动起义，并很快在整个中国形成燎原之势。

公元1912年2月12日，清朝最后一位皇帝，也是自秦始皇创立皇帝制度以来中国的最后一位皇帝，爱新觉罗·溥仪，颁布退位诏书。

清朝正式灭亡，两千年的帝制随之终结。

末代皇帝的退位诏书中说：“即由袁世凯以全权组织临时共和政府。”

一个月后，袁世凯在北京，上任中华民国临时大总统。

决定性的事情，似乎总是静悄悄一声不响地在发生。在风云滚滚的辛亥年，野心勃勃的袁世凯最终坐收渔翁之利。

袁大总统醉心于权力。他曾经的老师张謇，却将满腔热情投入到了另一项事业中，他已为此跋涉了数年。

早在《马关条约》签订那一年的冬天，张謇就开始在家乡南通筹办纱厂。

南通盛产棉花，传统棉纺织业发达，产品和市场都有基础。

翰林院几次发来催促他回京的电报，张謇都置之不理，因为他已经看到："中国之大患，不在外侮之纷乘，而在自强之无实。"

张謇想为国家开出一条坚实的自强之路来。

他将工业提到首要位置，在亲自拟定的《厂约》中，他明确提出了实业救国的主张："通州之设纱厂，为通州民生计，亦即为中国利源计。"

言商仍向儒。张謇心中所想的，依然是国计民生；他选择的纺织业，既是家乡的天时地利，也事关国计民生。

上千年来，商人在中国社会都被视为"末业"。张謇经过反复考虑，认定"中国须振兴实业，其责任须在士大夫"。

他为纱厂取名"大生"，源自《周易》中的一句："天地之大德曰生。"

状元办厂轰动一时，但在动荡的时局下，筹股、买地、建厂房，都历尽艰难。

张謇用了五年多时间，直至最后背水一战，大生纱厂才正式开车纺纱。

幸运的是，正好赶上纱价看涨，纱厂在投产当年就实现了赢利，此后利润节节攀升。第二年得纯利五万两白银，第三年十万两，到民国初年，累计纯利达到三百七十多万两。

在这十多年中，张謇又以大生纱厂为核心，创立了近二十家企业，有垦牧公司、盐业公司，有油厂、面厂、铁厂，还有酿造公司、轮船公司等，形成了一个相当规模的资本集团。

从清末到民国，从政的召唤时常传来，张謇也陆续参与了不少政治事务，但他的政治热情远不如他对实业的狂热投入。

他希望这个积贫积弱的国家早日臻于富强。他感觉自己似乎已经找到了那条路。

那是一段民间实业家们大展宏图的时间。

大生纱厂从一开始就很有现代企业的气息。在大部分中国人还不知道什么是

“工厂”，更不知什么是“股票”的时候，张謇已公开向社会发行股票。

时代的改变，让股东们愈发充满信心。他们期待着，推翻了帝制的中国，万物生长，万象更新。

建设新国家需要新人。

兴办实业所获之利，正是张謇兴办学校所需之资。

通州师范学校是他创办的中国第一所师范学校。开学前一天，他会和工作人员一起，将学生宿舍门上挂名牌的钉子一一敲实。他甚至亲自去布置学校的厨房和厕所。

学校教授的不再是古代典籍，而是管理法、修身、历史、地理、算术、文法、理化、测绘、体操等实用课程。

张謇尤为看重师范教育，此后又专注技术教育与职业教育，并兴办女子师范

学校。

这些学校向全国各地的学生开放。他希望，受教者学成后，能把新式教育的火种带回家乡。

国家正在建设共和体制，这位曾饱受科举之苦的前朝状元坚信：只有赋予每个人知识、思想和品质，使其成为一个合格的国民，中国的未来才有希望。

中华民国成立后，张謇的经济事业逐渐进入鼎盛时期。

公元1917年，大生纺织公司成立二十周年，张謇在纪念会上向股东汇报：公司历年纯利累积总额达到白银一千六百多万两。

这是中国民族工业史无前例的成绩。

张謇成了那个时代受人敬仰的实业英雄。

在棉纺与垦牧方面的巨大成就，为他在东南地区以至在全中国都赢得了声望。

他的内心充满喜悦，那是一个“一心做事”的开拓者，久经开垦之后终于取得胜利的喜悦。

故乡南通，也在他的手中得到了很大的改造。

那里本是江北一处荒僻之地，如今焕发出新的面貌。

县城重新做了规划，镇与镇之间建起了公路。

大道旁柳树成行，满载面粉和棉花的车辆在畅通行驶。

高耸的烟囱冒着烟，工厂的机器轰鸣声在回响。

这里建起了中国第一座民间博物苑和第一所气象台，印书馆、图书馆，医院、公园、剧场，一应俱全。

教育已从幼儿园办到大学，老者有养老院，少者有育婴堂，其他疾苦无告的人，有残疾院、有盲哑学校。

许多的设施与机构都是开创性的，绝非容易。

但张謇做事从来不问难不难，只问应该不应该。凡是应该做的，他就竭尽全力。

他说自己一生行事无非八个字：独来独往，直起直落。

就这样凭一己之力，他开创了一片产业，改变了一座城市，造福了一地百姓。

他也从未忘记初心所向——救国。

但是，凭一己之力，能改变一个国家吗？

袁世凯下台后，各地军阀四起。成立不过数年的民国，很快被拖入混战的泥潭。

之后十多年里，城头变幻大王旗。

战祸接连不断，军阀暴政虐民，加上连年灾荒，国民经济陷于凋敝残破，外国垄断资本趁乱加紧控制中国市场。

近代民族工业的短暂繁荣，就这样雨打风吹去。

张謇不得不煞费苦心，周旋于相互征战的各派军阀之间。

他全力调解、呼吁和平，但战火不仅没有停息，反而离南通越来越近了。

他本想安度晚年，却不得不面对人生最大的危机。

兵荒马乱之际，又逢连续三年的风雨虫害，加之外国资本对原料、运输、销售各个环节的倾轧，张謇的企业负债累累，即将破产。

企业最终抵了债务，全部被江浙财团接办。

三十年里，张謇独力开辟了无数新路，本

希望做一个榜样先锋，由南通而到全省，再到全国，每个人都从身边做起，一起把这国家变一个样子。

但他终究只能成为世人眼中“一个很伟大的失败的英雄”。

这不是他一个人的命运，那些和他同时代的实业家，几乎都走向了同样的结局。

“覆巢之下无完卵，野老泪洒江风前。”

写下这句诗的时候，张謇或许意识到了：仅仅靠实业，无法从根本上救中国。

个人的得失荣辱，张謇并不在意，回顾兴办实业的历程，他说自己向来是“一意孤行，置成败利钝于不顾”的。

他只是感叹自己：“不幸而生今之年代。”

让他倍感牵挂与无解的，是从大清到民国，始终未能创出一条强国之路。

晚年的他还在期盼：“太平在何时？今年待明年。”

几十载春秋过去，他想救的国和民，依旧处于贫弱之中。

这是他和他这一代人的不甘与遗憾。

张謇曾经设想：“一个人的一生要定三个时期：30岁前是读书时期；30岁到六七十岁是做事时期；70岁以后，又是读书时期。”

他的一生，都在积极进取、努力做事。

只是，做事时期的曲折艰辛和对国家前途的思虑，已耗尽了他的心力。

1926年夏天，张謇突然病倒，很快去世，时年73岁。

按照他的遗愿，入殓时，家人给他穿上了大生纱厂织就的布衣。

生命的最后时刻，他不曾提一句家事，说一句私话。他念的是南通的电厂没有办成，南通的民兵制度也还没有办成。

出殡那天，数万乡人沿途而立，为之屏息嗟叹，注目送别。

出路究竟在哪里？从19世纪中后期到20世纪初，这个问题，一直困扰着中国。

那是一段漫长而黯淡的岁月。

梦醒了，却发现无路可走。

所有人都在寻找方向。他们怀疑过、苦闷过、迷失过、挣扎过，就如同时代的维新人士梁启超所言：一路“迎着风遇着雾，不知道前途怎生是好”。

但是，他们没有放弃过求索和奋斗。

为给国家寻一个光明的未来，张謇自言道：“生已愁到死，既死愁不休。”

而那个令无数人愁苦的时代，也是无数人挺身而出的时代。他们像张謇一样，把救国的责任担在了自己肩上。

正如后人所言，自古以来，中国都有埋头苦干的人，有拼命硬干的人，有为民请命的人，有舍身求法的人。

与张謇同行的人中，有人以生命为代价，推翻帝制，重建国家。

有人以出世的精神，做着入世的事业，以悲悯大爱之心，在乱世中坚守。

也有人埋首书桌，专心科技、精研学术，实践着科学救国和理性启蒙之路。

还有人，选择用文字呐喊，唤醒国民的心灵，以手中之笔为匕首、为投枪，去和旧世界战斗。

一代人未完成的使命，将有另一代人继续。

新的道路，就将在这一次次的探索中开辟出来。

拾 革命

公元 1924 年冬，58 岁的孙中山踏上了前往北京的路途。

孙中山是广东人，这是他人生当中第三次北上。

过去三十年里，大部分时间他都是被通缉的要犯。这一次不同。

一个多月前，直系军阀将领冯玉祥发动“北京政变”，软禁了贿选总统曹锟，之后致电孙中山，请他北上共商国是。

这对正在组织新一轮北伐的孙中山来说，无疑是意外之喜。

他似乎感到一束久违的光亮。

像是晨曦，又像是夕照。血犹热，豪情犹在，但志士已经老了。

一路辗转至天津时，他的旧疾突然严重起来。

而北京的局势，又一次发生变化。

没等孙中山抵达，北方几大军阀就达成新的协议，皖系军阀首领段祺瑞成了中华民国临时总执政。

这一切都那么熟悉，不过依旧是这十几年来军阀政治的又一次翻版。

美好愿景不复存在，但孙中山没有改变行程。

他觉得，至少可以趁此机会，把自己的理想和主张播撒到此前很少涉足的北方大地上。

为中国革命，他已经苦苦奋斗了三十年，他从来不害怕失败。只是这山河大地，何时才能迎来真正的曙光?

公元1895年10月26日，广州，29岁的孙中山决定在这一天发动起义，占领广东省城，并以此为起点，推翻清王朝。

距离行动的时间越来越近了。

这一年，清帝国在中日甲午战争中惨败，被迫与日本签下丧权辱国的《马关条约》，举国上下，无不痛心疾首。

半个世纪以来，孱弱的大清朝接连不断遭遇外侮，朝廷自救的洋务运动，随着甲午一战，宣告了实际的失败。各个阶层都提出了不同的救国主张，办实业、办教育，进行政治改革。

在大多数人还抱有改良救国的幻想时，孙中山选择了革命。

一年前，他在海外成立兴中会，以振兴中华为理想，与年轻的战友们一起，秘密筹划了这次广州起义。

这一天，按照部署，香港义士将于凌晨6点抵达广州。

然而，孙中山并没有等到他们。

直到8点，他才接到香港发来的电报，上面写着："货不能来，须延期两日。"

毫无准备的变故，让孙中山感到惊愕，却又不得不接受现实。

出现这个结果，是所有人始料未及的。

决定起义前，大家满怀信心，甚至提前选出孙中山为未来的总统。但为了凝聚更多力量，他把这个头衔让给了兴中会香港负责人。

之后，对方却突然告知，承担突击重任的队伍和部分枪支弹药不能按期到达，以致耽误了起义时间。

作为总指挥，孙中山不得不决定：立即终止起义。

行动尚未开始，就已宣告结束。孙中山怀着强烈的不甘，踏上了逃亡之路。在这次功败垂成的起义中，他还失去了情同手足的朋友。

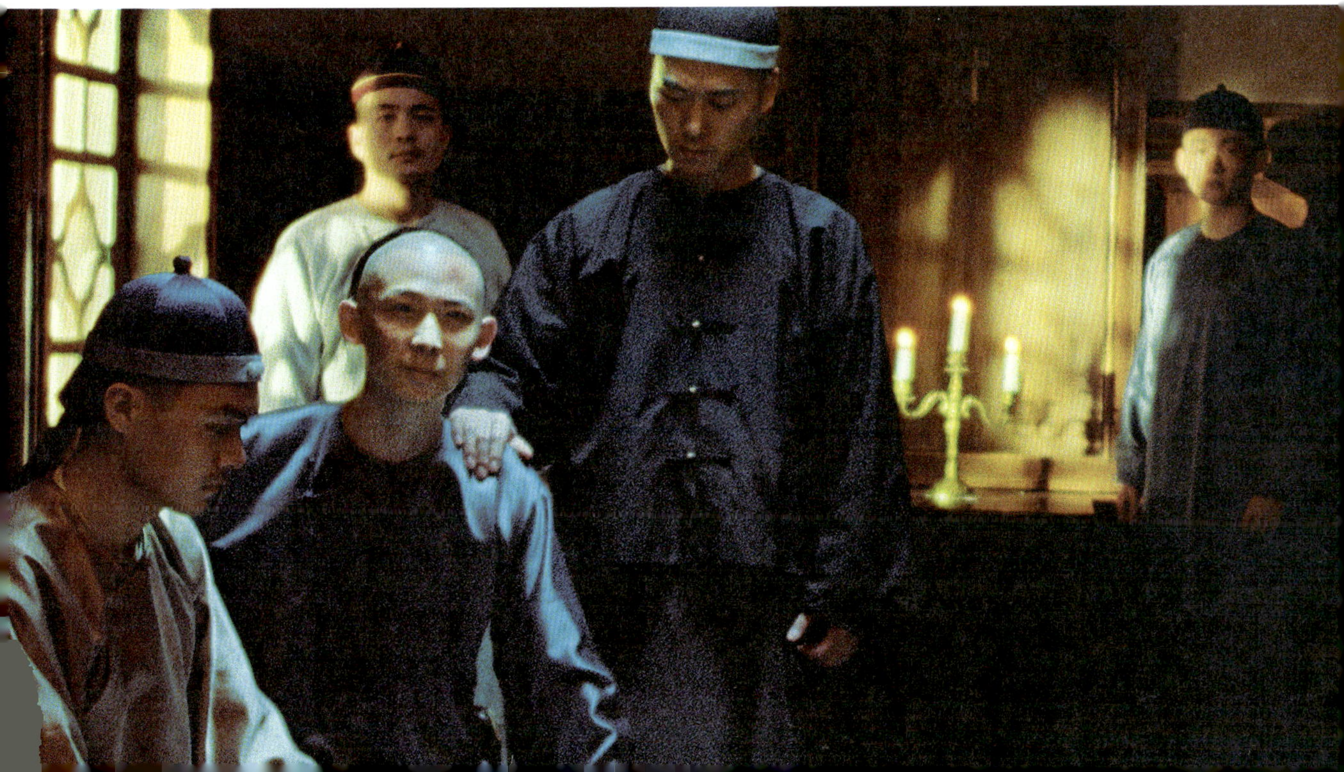

这是他们英勇无畏迈出的第一步，也是孙中山第一次体味革命的代价。

在当时的中国，选择革命道路的人极少。更没有人知道，究竟该如何革命?

在清朝政府以重金悬赏的要犯名单里，孙中山名列头号。

国内无法容身，他选择了藏身海外，继续组织革命。

他剪掉辫子，穿上西装，留起了胡须。

1896年10月，在伦敦避难的孙中山，前往老师家拜访，途中被窥伺已久的清朝驻英使馆工作人员认出，不幸身陷囹圄。

这是孙中山人生中第一次也是唯一一次被俘。

孤身流落海外，胸中大业才刚刚展开，却遭遇到绝望的时刻。命悬一线，但他坚信自己选择的，是一条会带来光明的路。为此，他愿意披肝沥胆，涉险前行。

回忆这段黑暗的经历时，孙中山说：“人当陷入深渊之时，苟有毫发可以凭借者，即不惜攀援以登。”

他比谁都渴望自己的祖国能变得更好。

他要救的是中国，而不是一个王朝。唯有打破这个旧世界，才能建设一个新世界。

只是，作为革命之路上的先驱者，他注定将遭遇这条路上的所有荆棘。

危难之时，多亏了孙中山的英国老师全力营救，他才得以脱离险境。

也因为西方媒体对此事件的关注，孙中山开始在全世界声名鹊起。

重获自由后，孙中山一边实地考察西方的社会制度，一边继续为革命奔走。

自少年时起，他就在海外留学，之后成为一名西医。但他很早就意识到，这个时代，“医国”比“医人”更重要。要医国，思想与行动同样重要。

在海外，他接触到洛克的“天赋人权”说，伏尔泰的“自由、平等、博爱”的理念，还有林肯的“民治、民享、民有”等政治思想。

渐渐地，一个被概括为“民族、民权、民生”的民主革命理想，开始在孙中山脑海里酝酿。这便是“三民主义”。

1905年，他创立了中国第一个资产阶级革命政党“中国同盟会”。以同盟会为核心，孙中山领导了八次武装起义。

与此同时，在中国国内，越来越多的人看清潮流大势，投身到了推翻清王朝的斗争中。

1911年10月，报纸上的一则新闻，把在外流亡了十六年的孙中山，召上了回国的旅程。

他很久没有这样振奋过了，身体里似乎有一股热血在奔涌。

报纸上刊登的，是武昌起义成功的消息，这给了日薄西山的清王朝沉重一击，南方各省已纷纷宣布独立。

在配合革命形势做完一轮外交宣传后，孙中山决定响应国内的呼声，回到阔别多年的祖国。

他无法不为之激动。

流亡，对于一个有才智的人来说，是聚集内心力量的一种鞭策。

过去十几年里，他屡战屡败，却始终“一往无前，愈挫愈奋，再接再厉”。

就在半年前，他组织了又一次广州起义，那一仗打得无比激烈，“碧血横飞，浩气四塞，草木为之含悲，风云因而变色”。

起义再次失败。但黄花岗七十二志士的勇敢英烈，极大地激励了全国的革命者。

半年后，他等来了期待已久的胜利。

这是孙中山被清政府列为通缉要犯后，第一次公开回到国内。

有记者问他，此次回国给中国革命带了多少钱、多少物资。

他回答说："予不名一文也，所带者，革命之精神耳。"

众望所归，孙中山当选为中华民国临时大总统。

"中华民国"，是他在创建同盟会时期就提出的国号。

即将上任的孙中山，感慨、兴奋，也忐忑不安。

他把一切都献给了革命。妻儿一直跟着他逃亡，长期不遗余力支持他的兄长破产了。母亲也在一年前去世，靠当地华侨资助才勉强办理完丧事。

现在，革命终于成功了。

旧世界正在急速坍塌，他要在废墟之上建设一个新国家。而这个新国家，已经破晓了。

这一年是辛亥年，孙中山45岁，正当盛年。

1912年1月1日晚8时左右，一场简单的总统就职典礼在南京举行。

由于当时的摄影记者没有镁光设备，无法在夜间拍摄，以至于未能留下典礼的影像。

但并不影响这是中国历史上伟大的时刻之一。

新政府采用民主共和制，取代了中国历史上延续两千多年的帝制。

这是当天上午孙中山从上海乘坐火车前往南京时拍的一张合影，也是他当天留下的唯一图像。

新生的中华民国，政局变幻莫测。

孙中山在总统的位置上仅仅待了45天，便让给了袁世凯。

1912年3月10日，袁世凯在北京宣誓就职。

同一天，身在南京的孙中山，带着儿子孙科等人，前往紫金山狩猎。

让出总统之位，出于诸多考虑。

辛亥革命后，国内形势错综复杂，革命民主派的力量仍处于弱势，临时政府面临财政危机，军费严重不足，各派势力之间的较量，推动着情势的不断转变。

中华民国于南京成立后，南方看似统一在中华民国旗帜下，但各省军政府实际依然相对独立。

北方，清朝政权尚在，掌管军政大权的袁世凯利用他训练的新军，构筑了一道坚固的防线。

为了寻求全国统一，南京政府与袁世凯协商：只要他推翻清王朝，就推举他为临时大总统。

1912年2月12日，清朝末代皇帝溥仪发布诏书，宣布退位。

一天后，孙中山就提交了辞呈。

为确保国家能够按照自己的政治理想运行，他在离任前推出了《中华民国临时约法》，将总统制改为责任内阁制，设立内阁总理，以限制总统的权力。

卸任后的孙中山感到了些许轻松。

革命看起来胜利在望，他可以放心歇一歇了。

看着紫金山上苍茫的劲松翠柏，他不禁想到了自己的身后事："待我他日辞世后，愿向国民乞此一抔土，以安置躯壳尔。"

然而，一场震惊全国的暗杀事件，打破了孙中山的美好设想。

1913年3月20日晚，上海北站。

中华民国下一任内阁总理候选人宋教仁，奉袁世凯电召北上。走到检票口时，突然遭遇枪击，两天后不治身亡。

就在几个月前，孙中山以同盟会联合多个党派，统一改组为国民党，宋教仁任理事长，国民党在国会选举中获胜，宋教仁成为内阁总理的第一人选。

这样的关键节点上，他的遇刺让人浮想联翩。

国内舆论以及一些线索，都把幕后主使指向了试图独裁的总统袁世凯。

似曾相识的一幕又上演了。

极度悲愤的孙中山起兵讨袁，却不敌强大的北洋军。落败后，他再次流亡日本。

这个时候，革命者们恍然醒悟：革命只完成了一半，推翻了旧制度。

但新制度并不会因为旧制度被推翻而自然建立。

在历史传统无比深厚的中国，建立起全新的共和制度，是一个无比艰巨的任务。

近代以来，邻国日本的发展，如同参照般，带给中国人不同维度的思考。

同样被西方舰船强行打开国门、并遭遇了工业化国家的全面倾轧，日本以欧美为师，自上而下，启动了对制度和文化的全面变革，几乎与中国洋务运动同期进行的“明治维新”，迅速把日本带进了近现代强国之列。

为此，在甲午战争败给日本后，许多中国留学生把日本作为学习之地。

孙中山此前正是在日本成立了同盟会。这一次，他组建了一个新的团体——中华革命党。

他要继续革命。

在孙中山蛰伏日本期间，独揽大权的袁世凯谋划了一出复辟帝制的闹剧，并最终引发了声势浩大的护国运动。

1916年4月，孙中山启程返回国内。

两个月后，做了83天皇帝梦的袁世凯，在举国上下的一片讨伐声中，黯然离世。

历史潮流浩浩汤汤，不可逆转。但前行之路漫漫，又该怎么走呢？

袁世凯死后，中华民国连表面统一都难以维系。一时军阀林立，各自为政。

皖系军阀首领段祺瑞，以“共和”之名重组内阁，在袁世凯之后，再次废弃了孙中山制定的、具有宪法性质的《中华民国临时约法》。

此种情况下，1917年9月，孙中山在广州成立中华民国军政府，当选为大元帅，发起“护法”战争。

然而，由于没有自己的军队，孙中山处处被动。西南军阀也只是表面拥护，实际上并不完全听他调度。

不久，西南军阀又联合起来，把军政府大元帅一长制改为总裁合议制，选举

出了七位总裁，孙中山只是其中之一。

深感无力的孙中山，愤然辞去大元帅一职。

离别电文里，他痛斥南北军阀“如一丘之貉”，并指出：“吾国之大患，莫大于武人之争雄。”

革命的成果，成了军阀们争夺的权力。一切都没有变得更好。

孙中山感到一种从未有过的厌倦感和孤独感。

他不想在这种无谓的权力争斗中，消耗自己的热情了。

他决定换一个环境、换一个方式，来推动中国社会的进步。

这是位于上海法租界里的一幢欧式建筑。

1918年夏，孙中山携妻子宋庆龄，住进了这里。

一年多以前，几位华侨共同出资为他购置了这所房产。

他们说：哪里有做了惊天动地大事业的人，连住的房子也没有呢？

这也是孙中山和宋庆龄一生中唯一的一处私宅。

他们终于有了属于自己的家。在这个家里，孙中山度过了一生中最为宁静的一段时光。

长期的征战与颠簸，以及错杂难控的时局，让孙中山深感疲惫。

辛亥革命成功后，这个国家并没有焕然一新，反而陷入了长时间的混乱，给民众带来了无止境的痛苦。

这绝不是他和战友们不惜付出生命想要创建的新国家。

此后的两年半时间里，孙中山从一个热血沸腾的革命者，变成了一个冷静的写作者。

他把自己多年的思考与实践付诸笔端，完成了由《孙文学说》《实业计划》和《民权初步》三部分构成的巨著——《建国方略》。

这是孙中山构建的资产阶级共和国的蓝图，是他一生为之奋斗的理想目标。

从心理建设，到物质建设，到社会建设，孙中山对中国的近代化进程进行了系统化的、具体而微的设计。

为了凝聚人心，鼓舞处于低潮中的革命同仁，孙中山在《建国方略》中写道："夫革命事业，莫难于破坏，而莫易于建设。"

他说，最难的事我们已经做完了，还怕什么呢？

但或许，他远远低估了建设的难度。

孙中山把辛亥革命以来"信仰不笃""奉行不力"的根源，归结为中国人自古以来形成的"知易行难"的观念。

他想告诉人们，不是这样的，"行"很容易，难的是"知"。

而现在，"知"已经有了，那就是"三民主义"。接下来，大家只管勇敢地去践行就可以。

他不只从观念上呼吁大家积极行动起来，还为国家发展做出了细致的规划。

受西方工业革命后发达的铁路系统启示，孙中山提出了在中国修筑16万公里铁路的构想，以把沿海、内地和边疆都连接起来。这是他1912年卸任临时大总统后就准备做的事情。

此外，他还计划修建遍布全国的公路网，开凿、整修全国的水道和运河，修建三峡大坝，并在中国北部、中部以及南部沿海各修建一个如"纽约港"那样的世界级海港……

孙中山要让这个国家彻底地流动起来，从思维到商品。

他信心十足，认为在十年内就可以完成这一切。但也因为这一点，方案在提出之初就备受争议，甚至有人视其为“空想”。

知与行都不易，因为知行本就是一回事。

孙中山对国家的未来充满了乐观的想象。

但这些就像他一直未能完成的革命一样，成了他未能实现的梦。

大时代的风云瞬息万变。求索的路，总是被意外一再打断。

1922年夏天，孙中山遭受了人生中最惨痛的一次打击。

完成著述任务后，他仿南京政府办法，在广州组建正式政府，并当选为中华民国非常大总统。

他试图再次北伐，改变割据与混战的局面。

6月16日凌晨，他和妻子宋庆龄在熟睡中被炮火惊醒。

危急关头，宋庆龄让孙中山先行离开，自己在密集的枪声中一直躲到下午，最危险时靠藏身尸堆才躲过一劫。孙中山留下的50名卫兵全部战死。

让孙中山没有想到的是，发动袭击的人，是他曾经最信任的人之一，相从十余年的部属，粤系军事将领陈炯明。

孙中山下达北伐命令之后，陈炯明迟迟不肯响应，他认为：既然南北政府都无力统一全国，不如实行联省自治。

结果被一次性免掉了三个职务。

对此，陈炯明选择了公然背叛，直接炮轰孙中山的住所。

侥幸脱身的孙中山，转移到了停泊于珠江水面的永丰舰上。

之后的55天惊心动魄。孙中山以永丰舰为依托，指挥着数量不多的效忠于自己的海军，与叛军对峙激战。

仗打得极度艰难。

前方刚刚出发的北伐军消息不明，后方却被自己人炮火紧逼，妻子在混战中几乎丧生，最终失去了刚在孕育中的胎儿。

这让孙中山的心情黯淡到了极点。

永丰舰上55天的硝烟战火也一直被孙中山铭刻在心。这是他一生中最痛彻心扉的失败。

后来他回忆说："文率同志为民国而奋斗垂三十年，中间出生入死，失败之数不可屡指，顾失败之惨酷，未有甚于此役者。"

陈炯明的背叛，让孙中山开始重新审视自己与南方新旧军阀的关系，但这并没有摧毁他“誓将革命进行到底”的意志。

他是一个彻底的、纯粹的、不曾有过丝毫动摇的革命者。

已经快三十年了，尽管很少亲历战场，但在精神上，他始终处于血与火的中心。

他的思想、他的信念、他的无畏，没有缺席过每一场战斗。

但是，为什么这么多年过去，那么多人献出了宝贵的生命，他所期盼的胜利，依旧没有到来？

他对中国社会的认知，究竟是不是准确的？

他对国家发展道路的选择，究竟是不是正确的？

孙中山不得不一次次向自己提出这样的问题。

他始终是热烈的，昂扬的，但他也是孤独的、困惑的。

他似乎总在失败。

他用数十年的流亡开创了一种新的革命方式，但由他发动的起义却“失败次数甚多”。

他失去了一个又一个志同道合的朋友。

为了革命，他为自己取过十多个化名：中山樵、高野长雄、陈文、陈载之、中山二郎、吴仲、高达生、杜嘉诺、阿罗哈……

这让他看起来，就像是一支战队。但走近了看，会发现这支战队其实只有他一个人。

这就像是孙中山半生奋斗的一个隐喻。

他孤军奋战已经太久了。

他需要真正的朋友，需要新的力量。

1922年8月，脱离险境后的孙中山回到上海。

他仿佛突然间苍老了很多，也不得不重新思考革命的出路。

身边人的背离，调度军队时的力不从心，让他意识到，必须寻找值得托付的盟友。

这个夏天，孙中山与两支力量迎面相逢。

一个是苏维埃俄国。在此之前，孙中山就与苏俄代表有过接触，但国民党内部大都亲英美，这让他一时难以抉择。

半年前与共产国际代表马林的会面，让孙中山决定舍弃“只顾着嘲笑”的英美。现在，他有了决定，他对马林说：“我现在感到与苏俄建立一个更紧密的联系是绝对必要的。”

另一支力量，是新生的中国共产党。

8月下旬的一天，孙中山第一次见到了中国共产党的创始人之一，李大钊。

在孙中山的书房里，两人就如何振兴中国等问题，多次畅谈不倦，几乎忘食。

宋庆龄后来回忆："当时孙中山已经认识到，国民党正在堕落中死亡，要想救活它，必须新的血液。"

而正在蓬勃成长的中国共产党，让孙中山看到了"真正的革命同志"。"他知道，在斗争中他能依靠他们的明确的思想和无畏的勇气。"

当时，北方军阀以及西南各省的联省自治派，都或明或暗地站在了陈炯明一边。国民党内部也分化严重，甚至有人联名要求孙中山下野。

当此之际，中国共产党公开发表宣言，要和孙中山合作。这让他尤为感动。

获得苏俄和中国共产党支持的孙中山，于第二年1月开始讨伐陈炯明，最终将

其赶出了广州。

孙中山决定不再复任总统，而是以“大元帅”之名，继续推动中国革命。

他的目标已不再只是北方军阀，而是南北一切军阀。

这是孙中山革命生涯里一个新的里程碑。

他有了新的盟友，也有了更加明确的方向。

他的斗志又一次高涨起来。

1924年5月，在广州白云山养病的孙中山，接受《中国晚报》邀请，把自己的救国方针和主张，灌进了留声机。

我们知道中国几千年来，是世界上头等的强国，我们的文明进步，比各国都是领先的。当这个中国顶强盛的时代，正所谓千邦进贡，万国来朝，那个时候，中国的文明，在世界上是第一的，中国是世界上头等强国。到了现在怎么样呢？现在的时代，我们中国，是世界上顶弱、顶贫之国家。现在世界上没有一个能看得起中国人的。所以现在世界的列强，对于中国都已经有瓜分中国的念头，也即由来各国来共管中国的意思。为什么我们从前是顶强的一个国家，现在变成这个地步呢？这就是中国，我们近来几百年，我们国民睡着了，我们睡了，不知道世界他国进步的地方。……

这是孙中山生前唯一的一次录音，也是他利用近代科学技术来宣传革命、唤醒民众的一次尝试。

为便于传播，他录制了北方话和粤语两个版本，以《勉励国民》和《告诫同志》为题向海内外发行。

他想让自己的声音传播得更远一些，让中国的革命变得更有效率一些。

也是在这一年，孙中山踏上了第三次前往北京的旅程。

对孙中山来说，1924年是有着极为重要意义的一年。

1月，以改组为中心内容的中国国民党一大在广州召开，确立了“联俄、联共、扶助农工”三大政策，第一次国共合作统一战线正式建立。

6月，黄埔军校成立，他终于有了属于自己的军队。曾与孙中山共患难的蒋介石出任校长，留法归来的周恩来任政治部副主任。

9月，孙中山发表《北伐宣言》，表示“此战之目的，不仅在推倒军阀，尤其在推倒军阀所赖以生存之帝国主义”。

10月，被孙中山的精神所鼓舞，冯玉祥发动“北京政变”，之后邀请孙中山北上，共谋大业。

然而，就在赴京途中，他再次病倒了。

抵达北京后的孙中山再也没有离开。

他忍着病痛，在演讲中告诉北方民众：“此来不是为争地位，不是为争权力，是特来与诸君救国的。”

他并没有等到“救国”的那一刻。

他探索的新路才开了头，但历史没有留给他走下去的时间。

1925年3月12日，孙中山于北京病逝，享年59岁。

弥留之际，他还在用断断续续的语言不停念着：和平，奋斗，救中国……

他留下了一份家事遗嘱，一份国事遗嘱，和一封《致苏联遗书》。

《致苏联遗书》由孙中山用英语口授而成，表达了与苏联继续合作的愿望。

国事遗嘱提到了他一生至为看重的《三民主义》和《建国方略》，相关内容后来被精炼成了一句传播很广的话：革命尚未成功，同志仍须努力。

孙中山去世后，中国共产党在《告中国民众书》中写道：

“为中国民族自由而战的孙中山先生死了，自然是中国民族自由运动一大损失，然而这个运动是决不会随中山先生之死而停止的。”

在为中国革命东奔西走的年月里，孙中山很少再回到家乡，广东省香山县翠亨村。

很少有人知道，他人生的第一次“革命”，是在村里的一座庙宇中完成的。

那一年，他17岁，是一个在夏威夷檀香山接受了五年西式教育的年轻人。

因为反对乡民浓厚的迷信思想，他和好友毁坏了北帝殿正在修缮的神像，结果引起轩然大波。

这仿佛是孙中山革命生涯的一个预演。

他的一生都在不停地打破。

打破中国历史上存续了两千多年的帝制，打破一个旧世界。

然而遗憾的是，他没能重建出一个新世界。

由于历史进程和社会条件的制约，他没有找到解决中国前途命运问题的道路。

他为之奋斗了几十年的国家，好像变化了很多，又好像没有什么根本变化。

但他依然不啻为中国历史上最伟大的人之一，中国民主革命的伟大先驱。

悲

毛泽东评价孙中山说："他全心全意地为了改造中国而耗费了毕生的精力，真是鞠躬尽瘁，死而后已。"

中国近现代史上，孙中山可能是最早使用"革命"一词的人。

他说："革命二字出于《易经》'商汤革命，顺乎天而应乎人'一语，意义甚佳，吾党以后即称革命党。"

革命，成为孙中山一生的志业，也成就了他一生的荣光。

对于中国未来的光明，他始终充满期待："吾心信其可行，则移山填海之难，终有成功之日。"

而这个使命，将历史性地落在中国共产党的肩上。

后记

纪录片《中国》第二季完成了。

此刻的窗外，大雪纷飞。这是2022年北京的第一场雪，四处都是白茫茫一片，有一种时光静止的错觉，但似乎又有种莫名的期待。

从盛唐的拐点到两千年帝制结束，10集纪录片，还在机房做最后的包装。等诸位看到这本书的时候，它们应该已经跟大家见面了。

我们的观众会有怎样的评价，现在还无法预见。但于我而言，第二季相比第一季是更为艰难的。历史越来越近，我们可以看到的细节越来越多。要在更加纷繁的细节中寻找到符合历史逻辑、能够展示历史规律的人和事，这是一个痛苦的过程。但我必须承认，即便有痛苦，内心还是幸福的和温暖的。因为这个机缘，我们又一次靠近了那些伟大的"先生"们，靠近了他们的人生，靠近了他们的作品，靠近了他们所经历过的成功与失败。无论他们的身前命运如何、身后又如何被后世评价，我们可能看懂了他们，看懂了他们的"天赋使命"。

这些，给了我坚持下去的勇气和力量。

出版社的同事建议为了这本书的完整，还是应该写一篇后记。磨蹭了很久，实在觉得没有更多想说，所有的话都放在纪录片《中国》里了，再说什么都觉得有些矫情和累赘。

或许是机缘，刚才意外看到了沈从文先生为《边城》写的题记，

瞬间感觉神清气爽如遇知音，好像先生在七十八年前说出了今天的我感受到但又说不出的话。摘抄两段：

照目前风气说来，文学理论家、批评家及大多数读者，对于这种作品是极容易引起不愉快的感情的。前者表示“不落伍”，告给人中国不需要这类作品，后者“太担心落伍”，目前也不愿意读这类作品。这自然是真事。“落伍”是什么？一个有点理性的人，也许就永远无法明白，但大多数人谁不怕“落伍”?我有句话想说：“我这本书不是为这种多数人而写的。”大凡念了三五本关于文学理论、文学批评问题的洋装书籍，或同时还念过一大堆古典与近代世界名作的人，他们生活的经验。却常常不许可他们在“博学”之外，还知道一点点中国另外一个地方另外一种事情。因此这个作品即或与当前某种文学理论相符合，批评家便加以各种赞美，这种批评其实仍然不免成为作者的侮辱。他们既并不想明白这个民族真正的爱憎与哀乐，便无法说明这个作品的得失——这本书不是为他们而写的。

我的读者应是有理性的，而这点理性便基于对中国社会变动有所关心，认识这个民族的过去伟大处与衰弱处，各在那里从事于民族复兴大业的人。这部作品或许只能给他们一点怀古的幽情，或者只能给他们一次苦笑，或者又将给他们一个噩梦，但同时说不定，也许尚能给他们一种勇气同信心！

恰巧，我们这部纪录片的总出品人，本科就读于复旦大学中文系的张华立先生，毕业论文就是关于沈从文先生的，这篇题为《乡土文学的两种风格》的文章在他毕业后的第二年被发表在了湖南省社科联的期刊《求索》杂志中；更巧的是，我们的总撰稿，毕业于南开大学中文系的邓建永先生，他本科的毕业论文也是沈从文先生作品研究。

这或许就是传说中的缘分！

最后回答一个问题。近来总有朋友问我：“你拍了《中国》后有没有感觉很不一样？”借用苏东坡先生的词，向朋友们汇报，我的感觉就是：

庐山烟雨浙江潮，未至千般恨不消。

到得还来别无事，庐山烟雨浙江潮。

苏东坡、沈从文都没有出现在我们的纪录片里，但不因此减弱他们的伟大以及在中国历史中的地位，我们只是选取了我们心目中合适的人、合适的事；中国故事有各种各样的讲述方式，我们只是讲述了我们心中的中国。

天佑中国！天佑《中国》！

李东珅

辛丑年腊月二十四

图书在版编目(CIP)数据

中国:从天宝惊变到辛亥革命/纪录片《中国》创
作组著.--上海:学林出版社,2022
ISBN 978-7-5486-1832-4

Ⅰ.①中… Ⅱ.①纪… Ⅲ.①中国历史—通俗读物
Ⅳ.①K209

中国版本图书馆CIP数据核字(2022)第025711号

责任编辑 许苏宜 石佳彦
特约审读 虞信棠 陆秉熙
营销编辑 李云虹 邵愉忻
技术编辑 徐雅清 王佳天
装帧设计 谢定莹
图片处理 上海商务数码图像技术有限公司

中国
——从天宝惊变到辛亥革命
纪录片《中国》创作组 著

出　版 学林出版社
(201101 上海市闵行区号景路159弄C座)
发　行 上海人民出版社发行中心
(201101 上海市闵行区号景路159弄C座)
制　版 上海商务数码图像技术有限公司
印　刷 商务印书馆上海印刷有限公司
开　本 787×1092 1/16
印　张 22.5
字　数 30万
版　次 2022年3月第1版
印　次 2022年3月第1次印刷
ISBN 978-7-5486-1832-4/G·682
定　价 100.00元